Los Decretos son afi
Universal, de la Fuen
muy elevada que con
SOY UNO CON DIOS
frecuencia vibratoria llamando al Ser de Luz que
nosotros. Al Decretar invocamos a nuestro Ser Supremo, nuestro Ser Superior, nuestro Gran Espíritu o nuestro Maestro Interior conectando a la vez con conciencias superiores del Universo que nos ayuden en el proceso del Decreto.

Con una mente aquietada y poniendo toda nuestra atención e intención en las palabras pronunciadas del Decreto, podemos sanar muchas áreas de nuestro Ser y reclamar nuestra Sanación y Felicidad.

Un Decreto vendría a ser como una Oración o Mantra. Cuantas más veces se repita (siendo esta repetición pronunciada 3 veces o múltiples de 3), más acción produce y las palabras se verán materializadas en el plano físico. Se recomienda trabajar un Decreto varios días consecutivos, en un lugar tranquilo y armonioso, repitiendo dicho Decreto en voz alta o interiormente. Aquí, en este espacio creado para ti, ofrezco y transmito algunos de los Decretos que me fueron dados por mis Maestros en su día, e iremos publicando otros nuevos canalizados para que puedas experimentar el Poder y la Fuerza que al trabajarlos te es emitida. Decretar es AMAR: si Decretamos sanación para nosotros es porque estamos en el camino del autoconocimiento verdadero y del Amor hacia nosotros mismos y hacia los demás.

FELIZ SANACIÓN

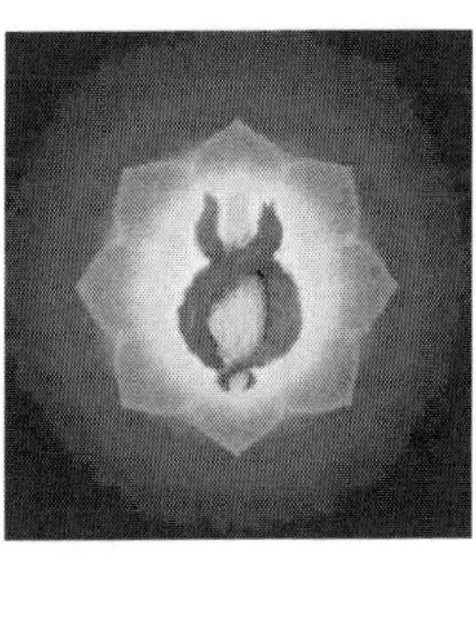

SELLADO Y FINAL DEL DECRETO

¡Y con Plena Fe acepto conscientemente que esto se manifieste, se manifieste, se manifieste! (x3)

Aquí y ahora mismo con pleno poder, eternamente sostenido, omnipotentemente activo, ¡siempre expandiéndose y abarcando el mundo hasta que todos hayan ascendido completamente en la Luz y sean LIBRES!

Amado Yo soy, Amado Yo soy, Amado Yo soy.

Canalizado por la Maestra Anandi Christavé

OM KLIM CHRISTAVÉ NAMAHÁ

ÍNDICE

♥DECRETOS DE INVOCACIÓN A LOS MAESTROS ASCENDIDOS

♥DECRETOS DE INVOCACIÓN A LOS ARCÁNGELES

♥ DECRETOS DE SANACIÓN Y ASCENSIÓN PARA LAS LLAMAS GEMELAS

♥ DECRETOS DE SANACIÓN GENÉRICOS

ORACIÓN A MARÍA PARA LA JUSTICIA DIVINA EN LA TIERRA

"A ti Virgen y Maestra Ascendida María,
Lléname el Alma con tu Dicha y Alegría, haz que los momentos más duros por los que tenga que pasar porque así mi alma lo desea para evolucionar y así lo pactó, sean llenos de Conciencia y sabiduría y sea una sanación con mucha armonía. Ayúdame a que la Paz Reine mis días y la de todas las personas que me acompañan cada día. Y dame Discernimiento para que todas aquellas personas que no tengan que estar en mi camino porque ya no toca o porque me dañen, se vayan en silencio y en armonía y que tenga el coraje y la valentía de decirlo sin culpa y con inteligencia y sabiduría. Que la Justicia Divina esté siempre en la Tierra y día a día, ésta, trabaje para que los Humanos puedan evolucionar saldando sus Karmas y despertando en ellos la comprensión Espiritual, su más puro Corazón y la Compasión y que comprendan las Leyes Universales verdaderas de Dios y sepan que nos mintieron mucho ocultándonos la verdad de nuestra Alma y nos separaron de la Fuente Divina y de nuestra Llama Gemela y que también sepan los humanos y lleguen a sentir y saber con certeza que el Alma es eterna y ha vivido muchas experiencias con otros cuerpos en esta misma Tierra"
Anandi - ¡Oración a María para hacerla 3 veces al día!

♡Enseñanzas Universales de las Llamas Gemelas Christavé Namahá♡

Canalizado por la Maestra Anandi Christavé Namahá

OM KLIM CHRISTAVÉ NAMAHÁ (x3)

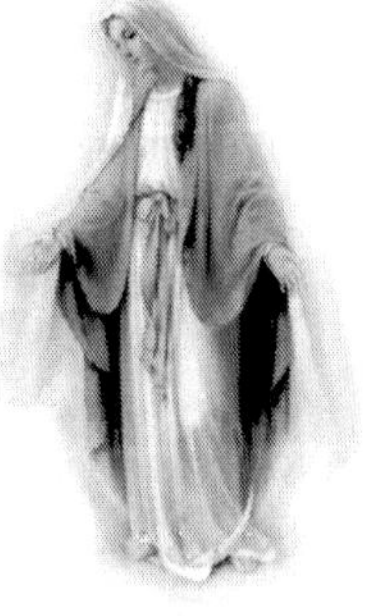

DECRETO DE INVOCACIÓN A LA MAESTRA MARÍA

Dios te Salve María , te pido Maestra Ascendida María , Virgen Inmaculada Concepción que me ayudes a sanar mis Karmas con armonía , con protección y con tus Rayos de Luz principales , Blanco , Azul Celeste y Verde y me encomiendo a ti para mi Misión Divina en la Tierra , que me guíes en el camino de la Luz y se liberen mis Karmas para abrir y Despertar más mi Conciencia y elevar mi Energía hacia mi Corazón Crístico.

Dios te Salve María (x3)
Que Así Sea (x3)
Así Será (x3)
Así es Ya (x3)
Gracias (x3)

Canalizado por la Maestra Anandi Christavé Namahá

OM KLIM CHRISTAVÉ NAMAHÁ (x3)

NUEVO CREDO DE LA NUEVA CONCIENCIA

CANALIZADO DE LA MAESTRA MARÍA

Creo en Dios Todopoderoso, creador del cielo y de la Tierra. Creo en el Maestro Ascendido Jesús, su máximo canal de Amor Incondicional para transmitir la Verdad y la Paz, nació de Santa Virgen María, padeció bajo el poder de Poncio Pilato, fue crucificado por la oscuridad, desde la cruz nos enseñaba a perdonar. Resucitó ante su amada María de Betania, María Magdalena. Iluminado se sentó a la Diestra de Dios en la Tierra Santa y dejó la semilla Crística para toda la humanidad. Creo en el Padre Creador, creo en el Amor, creo en la Luz, creo en la familia de Jesús, creo en el Poder infinito de la Sabiduría del Maestro y de todos los seres humanos Despiertos en Conciencia . Creo en mí. Amén.

Canalizado por la Maestra Anandi Christavé Namahá

OM KLIM CHRISTAVÉ NAMAHÁ (×3)

DECRETO PARA INVOCAR AL MAESTRO JESÚS

En la Presencia Crística en mí y en nombre del YO SOY y la Presencia de Cristo dentro de mi Corazón , invoco desde mi humildad y mi Ser auténtico , honrando con Amor y Alegría a mi Maestro Ascendido Jesús Sananda para que me encienda la llama de su Sagrado Corazón en mí con el permiso deseado de Dios Creador de todo el Universo, y me ilumine con su principal Rayo Oro Rubí atrayendo así la Abundancia Espiritual en mi vida y en este momento, sentir la Dicha y el Amor Crístico y el Perdón que YO SOY e irradiarlo a mis hermanos . Y en especial le pido a mi Maestro Jesús ____

Que Así Sea (x3)
Así Será (x3)
Así es Ya (x3)

Gracias (x3)

Canalizado por la Maestra Anandi Christavé

No hay nada que no pueda darnos el Maestro de los Maestros , sólo cuando estamos preparados para recibirlo y si así es la Voluntad Divina

Canalizado por la Maestra Anandi Christavé Namahá

OM KLIM CHRISTAVÉ NAMAHÁ (x3)

DECRETO PARA INVOCAR A LA MAESTRA MARÍA MAGDALENA

En la Presencia Crística en mí y en nombre del YO SOY y la Presencia de Cristo dentro de mi corazón, invoco desde mi humildad y mi ser auténtico a la Maestra Ascendida María Magdalena, Maestra de la sanación del Karma de la Feminidad mal dirigida en la mujer que vida tras vida ha creado bloqueos en su vientre y le pido que su Amor Incondicional infinito y su Fuego Femenino Divino encienda la llama de mi Corazón para despertar mi Feminidad Sagrada, honrándome, valorándome, respetándome y amándome en profundidad y le pido ________

Que Así Sea (x3)
Así Será (x3)
Así es Ya (x3)
Gracias (x3)

Canalizado por la Maestra Anandi Christavé Namahá

OM KLIM CHRISTAVÉ NAMAHÁ (x3)

DECRETO DE INVOCACIÓN A LA MAESTRA ANANDI CHRISTAVÉ

Para ayudar a la Sanación del Karma con la Llama Gemela y para la conexión con el Alma.

"En la Presencia Crística en mí y desde mi Corazón puro y mi Yo Superior, Invoco la Energía y el Alma de la Maestra Ascendida Encarnada en la Tierra de las Llamas Gemelas, Iris Anandi Christavé Namahá para que me ayude en mi proceso de Sanación de Karma conmigo misma/o, y para con mi llama gemela, y que su Luz Arco Iris se extienda y culmine sobre mí, poder sentirla y que haga despertar mi Luz interna Femenina Divina y que de este modo se active la misión de mi Alma y mi proceso de reencuentro y Unión con mi llama gemela, quedando totalmente protegido y guiado por todos nuestros Guías y Maestros Principales Ascendidos y Nuestro Dios Padre, Creador del Universo".

OM KLIM CHRISTAVÉ NAMAHÁ

Que Así Sea (x3)
Así Será (x3)
Así es Ya (x3)
Gracias (x3)

Canalizado por la Maestra Anandi Christavé Namahá

OM KLIM CHRISTAVÉ NAMAHÁ (x3)

DECRETO CORTO DE ISIS

En el nombre del YO SOY, YO SOY, YO SOY, Pido, Decreto y Afirmo, con mucha Humildad y Amor, la Protección y la Fuerza Espiritual de la Diosa Isis de Egipto y que su Energía Rosa Fucsia y todos sus Rayos de Luz entren en mí a través de mi Chakra corona y me inunden para sentir todas sus Virtudes Femeninas de Fuerza, Poder Personal, Alquimia y Magia.

Que Así sea (x3)
Así Será (x3)
Así es Ya (x3)

Gracias (x3)

Canalizado por la Maestra Anandi Christavé Namahá,
de la Diosa Isis su Decreto

OM KLIM CHRISTAVÉ NAMAHÁ (x3)

DECRETO PARA INVOCAR A LA DIOSA ISIS DE EGIPTO QUE NOS DA FUERZA FEMENINA Y PODER PERSONAL

Gran Diosa Isis, iluminada Diosa sabia, protectora del Amor Verdadero y virtuosa en fertilidad, tú que estás en los Planos Superiores de Conciencia, sirviendo de protectora a mujeres y niños... ayudando a toda mujer a Despertar su Energía Femenina y en tu gran Templo de Luz que nos tienes como a tus hijos, para nosotros eres una Madre Divina dadora de vida.

Te pido, Diosa y Maestra Ascendida Divina, que me ayudes a Sanar mis emociones y a Despertar completamente mi Energía Femenina para llenarme de Fuerza, Valor, Magia, Poder Personal, Autoestima, Dicha... y transmitir lo mismo a mis semejantes y que el Planeta se contagie de tu Fuerza Femenina que fue capaz en antaño de resucitar a tu Amado.

Te pido que nos ayudes a todas las mujeres a vencer cualquier miedo, obstáculo y pensamiento destructivo que provenga de patrones Kármicos y que nos pueda alejar de nuestra verdad y de nuestro poder femenino y que nos des la Energía necesaria para mantenernos en nuestro eje Divino en la Tierra y, que de este modo , nuestro Amado Hombre lo reciba en Conexión y nos reconozca.

Que Así Sea (x3)
Así es Ya (x3)
Gracias Gran Diosa

Canalizado por la Maestra Anandi Christavé Namahá
de la Diosa Isis su Decreto

OM KLIM CHRISTAVÉ NAMAHÁ (x3)

DECRETO DE ST. GERMAIN: Para la Transmutación y Transformación

En el Nombre del Yo Soy en mi Ser, y en la Santa Presencia Crística en mí, Invoco al Amado Maestro Ascendido St Germain y uno de los Directores del Rayo Violeta para que este Fuego Violeta Transmutador me cubra y pueda transmutar mis Memorias de Karma , mis emociones y pensamientos más densos que no provengan de mi mente intuitiva conectada con Chakra corazón y le pido desde el Amor y Humildad que sea transmutado con el Rayo Violeta Poderoso todo aquello que no provenga de la Luz y del Amor.

Que Así Sea (x3)
Así Será (x3)
Así es Ya (x3)
Gracias Amado St. Germain

Canalizado por la Maestra Anandi Christavé Namahá

OM KLIM CHRISTAVÉ NAMAHÁ (x3)

DECRETO DE INVOCACIÓN AL DIOS Y MAESTRO KRISHNA Y A LOS FUTUROS BEBÉS DE LAS LLAMAS

En el nombre del YO SOY YO SOY YO SOY y en la Presencia Crística en mi Ser, con el permiso de todos los Maestros especialmente del Maestro y Dios Krishna y el Maestro Jesús, hago un llamado como Llama Gemela del Plan Divino Universal Christavé Namahá al Alma o a las Almas de mis futuros hijos que encarnarán en esta encarnación del Cumplimiento del Plan fruto del Amor Sagrado entre mi Llama Gemela y yo, y lo pido de todo corazón a los Maestros para darme más Fuerza en mi camino y en mi proceso de sanación de Karma y deseo poder sentirlos, verlos y lo que me tengan que comunicar desde ya con mucha Gratitud.

Que Así Sea (x3)
Así Será (x3)
Así es Ya (x3)
Gracias (x3)

Canalizado por la Maestra Anandi Christavé Namahá

OM KLIM CHRISTAVÉ NAMAHÁ (x3)

DECRETO PARA NIÑOS, BABY KRISHNA: Para conectarles con el Dios de la Alegría la Dicha, la Fuerza Interior, la Protección y la Música

Te Pido Diosito Baby Krishna que me ayudes a estar más Feliz y a Brillar con tu Luz Azul y que esta Luz Azul nos dé Fuerza, Amor y Alegría a mí a y a toda mi familia y que tu Música llegue hasta mi corazón y del mío vaya a los demás. Gracias Dios Krishna, Rey de Vrindavan (India).

Que Así Sea (x3)
Así Será (x3)
Así es Ya (x3)
Gracias (x3)

Canalizado por la Maestra Anandi Christavé Namahá

OM KLIM CHRISTAVÉ NAMAHÁ (x3)

DECRETO DEL DIOS Y MAESTRO ASCENDIDO KRISHNA

En el nombre del YO SOY, YO SOY, YO SOY y en la Presencia Crística en mí Invoco al Amado Lord Krishna, Supremo Dios de la India, Dios de la Música, de la Fuerza del Guerrero de Luz. Su Energía es Azul como la del Arcángel Miguel y lo Invoco aquí y ahora con Fe, Amor y Devoción para que me ayude a liberarme de .... y a defender con fuerza y coraje Mi Verdad pidiendo la Justicia Divina para las situaciones que nos enfrentamos y protección para el Plan Divino Universal. Y le pido a Lord Krishna me llene de Dicha, Alegría, Conexión Espiritual, sanación con la Música y Fuerza Protectora del Rayo Azul.

Que Así Sea (x3)
Así Será (x3)
Así es Ya (x3)
Gracias (x3)

Canalizado por la Maestra Anandi Christavé Namahá

OM KLIM CHRISTAVÉ NAMAHÁ (x3)

DECRETO DE LA DIOSA RADHA

En el Nombre del YO SOY, YO SOY, YO SOY y en la Presencia Crística en mi Ser Invoco con Mucho Amor, Honor y Gratitud a la Diosa y Maestra Ascendida Radha (Radharani) la que fue Consorte en la India y Llama Gemela ahora Ascendida de Dios Krishna, para que me ayuden en las labores de la Música, la Danza y todas las Artes y Asuntos de origen Femenino. Y para sentir su Energía llena de Feminidad, Belleza y Pureza.
Y le pido por mi llama Gemela y por mí y por nuestra Misión y Amor dentro del Plan Divino Universal Christavé Namahá.

Que Así Sea (x3)
Así Será (x3)
Así es Ya (x3)
Gracias (x3)

Canalizado por la Maestra Anandi Christavé Namahá
de la Diosa Radha

OM KLIM CHRISTAVÉ NAMAHÁ (x3)

DECRETO DE LA DIOSA LAKSHMI DE LA ABUNDANCIA Y DEIDAD DE LA FIESTA DIWALI EN INDIA

Pido y Decreto en en el día de hoy y en la Santa Presencia de Cristo y Krishna, la invocación a la Diosa Lakshmi, Diosa de la Fortuna, la Feminidad y de la Abundancia, la Generosidad y la Belleza, para que su energía de Deidad Femenina me cubra y me llene de Luz y cubra mis necesidades y me llene de Abundancia en todos los aspectos y me sienta merecedor/a de recibir el Rayo Oro Rubí de los Maestros Ascendidos y Arcángeles y de la Diosa Lakhsmi. Lo pido para mí y para los demás , sanando mis Karmas con lo material, que también me ayude a ello.

Que Así Sea (x3)
Así Será (x3)
Así es Ya (x3)
Gracias (x3)

Canalizado por la Maestra Anandi Christavé Namahá

OM KLIM CHRISTAVÉ NAMAHÁ (x3)

DECRETO DE INVOCACIÓN AL MAESTRO ASCENDIDO GAUTAMA BUDA

Este Decreto es Imprescindible para la ayuda en las Meditaciones, para conectar más. Se recomienda hacerlo antes de cualquier Meditación.

En el nombre de Cristo y en la Santa Presencia Crística en mi Ser, Invoco desde mi Corazón y mi más sentimiento de Humildad y Gratitud al Maestro Ascendido Buda para que me ayude en mi proceso de sanación del Alma y en mis Meditaciones y me Guíe, me Ilumine la Mente para que esta esté tranquila y serena, y todos los pensamientos negativos o provenientes de los implantes se liberen completamente de mi mente y se convierta en Mente Intuitiva conectada con la Luz y con mi más pura Alma y la de Dios y el Plan Divino.

¡Gracias Maestro Buda!

Que Así Sea (x3)
Así Será (x3)
Así es Ya (x3)
Gracias (x3)

Canalizado por la Maestra Anandi Christavé Namahá

OM KLIM CHRISTAVÉ NAMAHÁ (x3)

DECRETO DE AMMA: Para la Compasión

OM NAMÁ SHIVAYA, OM KLIM CRISTAVÉ NAMAHÁ

Invoco a la Amada Madre Divina de esta Era: Mata Amritanandamayi Amma, para sentir la Compasión en mi Ser, Abrir mi Corazón, Perdonar y Recibir el Perdón de mis Hermanos, para sentir la Protección Divina en mí y en todos los que me rodean y le pido más Apertura de mi corazón para así poder sentir la misión de mi Alma y actuar acorde a ella. Que todos mis actos provengan del Amor y la Compasión. OM (x3)

Que Así Sea (x3)
Así Será (x3)
Así es Ya (x3)
Gracias (x3)

Canalizado por la Maestra Anandi Christavé Namahá

OM KLIM CHRISTAVÉ NAMAHÁ (x3)

AFIRMACIONES DECRETOS ARCÁNGELES

INVOCACIÓN AL ARCÁNGEL MIGUEL

Rayo Azul: Limpieza, Protección, Seguridad, Confianza, Certeza y Fe.

En el Nombre de Cristo y de la Santa Presencia del Yo Soy en mi Ser: te Invoco Amado Arcángel Miguel para que me ayudes a liberarme de toda oscuridad, ego, memorias kármicas y lazos energéticos que me aten de forma negativa y no me dejen ser el Ser de Luz Crística que Yo Soy. Inúndame con tu rayo azul (visualizarlo de cabeza a pies) y protégeme de toda oscuridad con la compañía de tus Ángeles azules.

Yo Soy Amor, Yo Soy Luz, Yo Soy Fuerza, Yo Soy Confianza, Yo Soy Fe y mantengo esta Fe.

Que Así Sea (x3)
Así Será (x3)
Así es Ya (x3)
Gracias Arcángel Miguel

Canalizado por la Maestra Anandi Christavé Namahá

OM KLIM CHRISTAVÉ NAMAHÁ (x3)

DECRETO DEL ARCÁNGEL MIGUEL CORTITO Y CONCISO

En el nombre del Yo Soy, Yo Soy, Yo Soy y en la Santa Presencia Crística en mi Ser, invoco al Amado Arcángel Miguel para que con su Espada del Rayo Azul y su ejército de Ángeles y Arcángeles del Rayo Azul, protejan completamente nuestra Misión de Luz y a toda nuestra familia y entorno, y que todas las razas oscuras y manipulados se alejen completamente del Plan Divino y de nosotros y que se haga mucha Justicia Divina para las razas oscuras y los manipulados con la ayuda del Amado Arcángel Miguel para restablecer el Amor y el Plan Divino en la Tierra.

Que Así Sea (x3)
Así Será (x3)
Así es Ya (x3)
Gracias (x3)

Canalizado por la Maestra Anandi Christavé Namahá

OM KLIM CHRISTAVÉ NAMAHÁ (x3)

INVOCACIÓN AL ARCÁNGEL RAFAEL

Rayo Verde: Sanación y Curación del Alma
"Si sanamos el Alma, curamos el resto de cuerpos" - Anandi

En el Nombre de Cristo y de la Santa Presencia del Yo Soy en mi Ser: te invoco Amado Arcángel Rafael para que me ayudes a autosanarme manteniendo mis pensamientos en equilibrio, pensamientos de amor a través del despertar de mi mente Divina y así mis emociones están tranquilas como el agua de un estanque y mi cuerpo no pueda enfermar. Pido sanación de mis emociones y de mis Memorias antiguas con tu Rayo Verde esmeralda que ilumina mi Corazón y Sana todos mis cuerpos (visualizarlo de cabeza a pies).
Yo Soy el Poder Divino de la Sanación.

Que Así Sea (x3)
Así Será (x3)
Así es Ya (x3)
Gracias Arcángel Rafael

Canalizado por la Maestra Anandi Christavé Namahá

OM KLIM CHRISTAVÉ NAMAHÁ (x3)

INVOCACIÓN AL ARCÁNGEL URIEL

Rayo Oro Rubí: Provisión Divina y Espiritualidad.

En el Nombre de Cristo y de la Santa Presencia del Yo Soy en mi Ser: te invoco Amado Arcángel Uriel para que me ayudes a encontrar desde la escucha a mi Corazón, mi Misión Espiritual en la Tierra y que pueda ser llevada a cabo con Amor, Compasión, Entrega y Humildad. Y también te pido la Abundancia en todos los sentidos de mi vida porque me siento merecedor/a de recibir la Abundancia de tu Magnífico Rayo Oro Rubí, cúbreme con tu manto dorado y rubí (visualizarlo).
Yo Soy Luz Espiritual, Abundancia y Entrega.

Que Así Sea (x3)
Así Será (x3)
Así es Ya (x3)
Gracias Arcángel Uriel

Canalizado por la Maestra Anandi Christavé Namahá

OM KLIM CHRISTAVÉ NAMAHÁ (x3)

INVOCACIÓN AL ARCÁNGEL JOFIEL

Rayo Dorado: Iluminación del Intelecto, Sabiduría y Discernimiento.

En el Nombre de Cristo y de la Santa Presencia del Yo Soy en mi Ser: te invoco Amado Arcángel Jofiel para que me ayudes a aclarar mi mente en los momentos de confusión , a limpiarla y protegerla de todo pensamiento de baja vibración y que mi intelecto y mi capacidad de estudio, disciplina y concentración se desarrolle para despertar toda la Sabiduría ancestral en mi Ser y que pueda expresarla mediante la ayuda de tu magnífico Rayo Dorado de la Luz y la Manifestación de Dios (visualizar rayo descendiendo hacia la mente y dirigiéndose hacia el plexo solar).
Yo soy Sabiduría Divina.

Que Así Sea (x3)
Así Será (x3)
Así es Ya (x3)
Gracias Arcángel Jofiel

Canalizado por la Maestra Anandi Christavé Namahá

OM KLIM CHRISTAVÉ NAMAHÁ (x3)

INVOCACIÓN AL ARCÁNGEL CHAMUEL

Rayo Rosa: Amor Divino de Dios, Amistad y Hermandad.

En el Nombre de Cristo y de la Santa Presencia del Yo Soy en mi Ser: te invoco Amado Arcángel Chamuel para que me ayudes a sentir el Amor Divino que nos ofrece Dios y sentirlo en mi Corazón, a sentir Amor por todo, Amor hacia mi mismo/a, Amor por las personas, Amor por la familia, Amor por este Planeta, Amor por mis Guías, Ángeles, Arcángeles y Maestros que me acompañan y me Guían y ayúdame a tener la capacidad de expandir todo este Amor, sintiendo y creyendo firmemente que está dentro de mí. Envuélveme con tu Rayo Rosa de Amor Infinito (visualizar cómo nos baña el Rayo Rosa de cabeza a pies).
Yo Soy Amor Personificado (x3)

Que Así Sea (x3)
Así Será (x3)
Así es Ya (x3)
Gracias Arcángel Chamuel

Canalizado por la Maestra Anandi Christavé Namahá

OM KLIM CHRISTAVÉ NAMAHÁ (x3)

INVOCACIÓN AL ARCÁNGEL ZADQUIEL

Rayo Violeta: Rayo de la Transmutación, Liberación, Compasión y Perdón.

En el Nombre de Cristo y de la Santa Presencia del Yo Soy en mi Ser: te invoco Amado Arcángel Zadquiel del Rayo Violeta Transmutador que me ayude a la transmutación de mis Karmas y que sean transformados y cerrados con Amor, Compasión y Perdón con la máxima armonía y serenidad y Decreto y Afirmo en su Nombre que mi Ser sea envuelto de este Rayo Violeta para sentirme en paz, en armonía y active mi Misión del Alma al servicio de Dios.

Yo soy Fuego Violeta, Yo soy Perdón, Yo soy Liberación.

Que Así Sea (x3)
Así Será (x3)
Así es Ya (x3)
Gracias Arcángel Zadquiel

Canalizado por la Maestra Anandi Christavé Namahá

OM KLIM CHRISTAVÉ NAMAHÁ (x3)

INVOCACIÓN AL ARCÁNGEL GABRIEL

Rayo Blanco: Purificación, Pureza, Inocencia, Humildad y Ascensión del Alma.

En el Nombre de Cristo y de la Santa Presencia del Yo Soy en mi Ser: te invoco Amado Arcángel Gabriel para que me ayudes a purificar todos mis Cuerpos energéticos , iluminar todas mis sombras para poder elevar mi vibración y ascender, conocer a Dios y sentir la dicha del Amor Espiritual en la Tierra . Pido comunicarme más con mi Alma para mi Misión Espiritual en la Tierra y darme la capacidad de sentir el Ser que soy.

Soy Puro, Soy Inocencia de niño, Soy Humilde y Soy Amor.

Que Así Sea (x3)
Así Será (x3)
Así es Ya (x3)
Gracias Arcángel Gabriel

Canalizado por la Maestra Anandi Christavé Namahá

OM KLIM CHRISTAVÉ NAMAHÁ (x3)

INVOCACIÓN AL ARCÁNGEL HANIEL

EL ARCÁNGEL DEL AMOR Y LA BELLEZA, RESPONDE A LOS DESEOS DEL CORAZÓN EN CUALQUIER ASPECTO.

Rayo Turquesa: Energía de Amor Cósmico para Despertar el Corazón.

En el Nombre de Cristo y de la Santa Presencia del Yo Soy en mi Ser: te Invoco Amado Arcángel Haniel para que me ayudes a Despertar mi verdadero Corazón, a sentir desde el Corazón mi Misión del Alma y a contemplar la belleza que existe en todo cuanto somos y en todo cuanto vemos. Pido, Decreto y Afirmo con tu ayuda que todas las Bendiciones del Rayo Turquesa desciendan sobre mí para sentirlas y expandirlas hacia el resto. Que me lleguen Bendiciones de Amor, Amor hacia mi mismo, Amor de pareja, Amor Universal y Amor hacia todo ser vivo en el Universo.

Yo Soy Belleza, Yo Soy Amor, Yo Soy Verdad, Yo Soy Sentimiento, Yo Soy Acción.

Que Así Sea (x3)
Así Será (x3)
Así es Ya (x3)
Gracias Arcángel Haniel

Canalizado por la Maestra Anandi Christavé Namahá

OM KLIM CHRISTAVÉ NAMAHÁ (x3)

CANALIZACIÓN Y DECRETO PARA CONECTAR CON EL ALMA DE LA LLAMA GEMELA

Las Almas de todas las parejas Llamas están unidas a través de cordones dorados, rosas, violetas... (depende de los Rayos trabajados en cada Alma de llamas) y permanecen juntos más allá del espacio y el tiempo ayudándose en los procesos evolutivos, los unos a los otros. La separación o la lejanía no existe en realidad, lo que ocurre es que en la Tierra se manifiesta el apego del cuerpo físico, las emociones y la mente, el objetivo Espiritual de Amor Sagrado es materializarlo en la Tierra, materializar un grado muy alto de Energía de Amor puro en la Tierra.

Y así se hará y se manifestará cuando vaya finalizándose el proceso de Sanación. Paciencia, Entrega y Conexión con el Alma de la Llama. La Conexión te ayuda a sentirte mejor, más completa y elevada.

Ejercicio para conectar con su Alma:
Orar en voz alta con la práctica del Reiki o la Meditación:

"En la Santa Presencia del YO SOY, invoco con el permiso de mis Guías y Maestros y hago un llamado al Yo Superior del Alma del de mi Amada Llama... (decir el nombre) para sentirla, verla, escucharla, ayudarla y amarla, que se manifieste aquí y ahora y cuando sea el momento adecuado para ambos."

Que así Sea (x3)
Así Será (x3)
Así es Ya (x3)
Gracias, Gracias, Gracias

Canalizado por la Maestra Anandi Christavé Namahá, de María Magdalena

OM KLIM CHRISTAVÉ NAMAHÁ (x3)

DECRETO PARA DESPERTAR DE LA LLAMA INTERNA DEL CORAZÓN PARA EL CAMINO DE LA LLAMA GEMELA

En el nombre de Cristo, y en el nombre de Mi Presencia Divina, invoco a la Llama Gemela Planetaria del Corazón Sagrado y a mi Llama Gemela Interna para el reencuentro y la Ascensión con mi Única y Auténtica Llama Gemela en la Tierra, sanando todo conflicto Kármico que no me permita llegar a ella para nuestra Misión conjunta de Amor Sagrado hacia nosotros y hacia los prójimos como Unidad.

En el nombre del YO SOY deseo liberar todo dolor, apego y conflicto de karma, AHORA (x3).

En el nombre del YO SOY invoco a mi Llama Gemela como mi llama complementaria y le hablo a su alma con Amor, Luz y Perdón para que nuestro próximo reencuentro sea Sagrado (x3)

Que Así Sea (x3)
Así es Ya (x3)

Canalizado por la Maestra Anandi Christavé Namahá,
de Lady Nada, María Magdalena.

OM KLIM CHRISTAVÉ NAMAHÁ (x3)

DECRETO DE ASCENSIÓN PARA LAS LLAMAS GEMELAS

En el Nombre de la Presencia Crística en mi YO SOY, SOY SOY, YO SOY , y en nombre de la Llama Interna de mi corazón , hago un llamado a la propia llama de mi alma para que despierte y active su misión en la Tierra en esta Era de la Nueva Conciencia . Así mismo , invoco a mi Llama Gemela para sanarnos y perdonarnos en esta y otras vidas , reencontrarnos en esta encarnación y unirnos en Amor Sagrado , ascender al Amor , a la Unidad , a la Dicha y a la Luz. Que Así Sea, Así es Ya.

Invoco el Mantra desde la voz de mi Corazón:
Om Klim Christavé Namahá (x3)

Que Así Sea (x3)
Así Será (x3)

Canalizado por la Maestra Anandi Christavé Namahá
de los Maestros Llamas Ascendidas Jeshua & María Magdalena

OM KLIM CHRISTAVÉ NAMAHÁ (x3)

ORACIÓN PARA QUE EL ALMA VIAJE AL TEMPLO DE LA RESURRECCIÓN EN TIERRA SANTA JERUSALÉN, TEMPLO ETÉRICO DE JESÚS, MARÍA Y MARÍA MAGDALENA

Padre, en tus manos encomiendo mi Espíritu, poderosa Presencia Yo Soy y Santo Ser Crístico, llamo al Arcángel Miguel y a sus legiones de Ángeles del Rayo Azul para que me protejan y transporten esta noche mi alma vestida con sus cuerpos sutiles al Templo de la Resurrección sobre Jerusalén.

Escoltadme, Instruidme, Guiadme y Protegedme mientras trabajo para liberar a toda vida en la Tierra.

Pido que ello se realice conforme a la Santa Voluntad de Dios.

Que Así Sea (x3), Así Será (x3), Así es ya (x3). Gracias (x3).

Oración del Libro MARIA MAGDALENA: EL ALMA GEMELA DE JESÚS

De PROPHET, ELIZABETH CLARE.

DECRETO PARA EL ANCLAJE
(Conexión con la Tierra y con el 1º Chakra para no dispersar la mente y sentirte seguro y sin miedos)

En el nombre del YO SOY, YO SOY, YO SOY y en la presencia Crística en mí, Pido, Decreto y Afirmo mi anclaje en la Tierra, limpiando y transmutando las energías más densas como inseguridades y miedos del 1º Chakra, para que éste se abra y se ancle para conectar con el impulso de vivir en la Tierra y conectada con mi Alma.

Pido ayuda a mis Guías más elevados.

Que Así Sea (x3)
Así Será (x3)
Así es ya (x3)
Gracias (x3)

Canalizado por la Maestra Anandi Christavé Namahá

OM KLIM CHRISTAVÉ NAMAHÁ (x3)

DECRETO PARA DESPERTAR LA ALEGRÍA Y LA FUERZA DEL HARA
(Chakra del ombligo)

En el nombre del YO SOY, YO SOY, YO SOY y en la presencia Crística en mí, Pido, Decreto y Afirmo despertar la Fuerza Espiritual del Chakra del ombligo, el Hara y limpiar y activar mi 2º Chakra para Despertar mi Energía Femenina Divina y subirla al Corazón para abrirlo más y sentir la Alegría , la fuerza y compartirla con los demás.

Que Así Sea (x3)
Así Será (x3)
Así es Ya (x3)
Gracias (x3)

Canalizado por la Maestra Anandi Christavé Namahá

OM KLIM CHRISTAVÉ NAMAHÁ (x3)

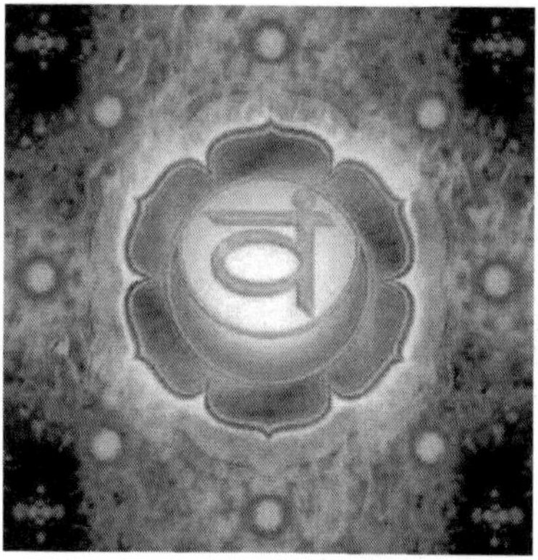

DECRETO PARA TRABAJAR EL CHAKRA DE LA COMUNICACIÓN
5º CHAKRA – LA GARGANTA

En el nombre del YO SOY, YO SOY, YO SOY y en la presencia Crística en mí, Invoco a mis Guías y Maestros en especial al Arcángel Miguel para que me ayuden a limpiar energéticamente y desbloquear mi Chakra laríngeo situado en la garganta, invocando al mismo tiempo el Rayo Azul de limpieza y protección.

Pido, Decreto y Afirmo poder comunicar y expresar mi verdad sin miedo ni bloqueo. Yo me expreso, yo me amo, yo te amo.

Que Así Sea (x3)
Así Será (x3)
Así es Ya (x3)
Gracias (x3)

Canalizado por la Maestra Anandi Christavé Namahá

OM KLIM CHRISTAVÉ NAMAHÁ (x3)

DECRETO PARA TRABAJAR LA MENTE

En el nombre del YO SOY, YO SOY, YO SOY y en la presencia Crística en mí, invoco la Energía del Rayo turquesa y Rayo índigo y a todos sus Ángeles y Arcángeles y Maestros para que me ayuden con las vibraciones turquesa e índigo a sanar y proteger mi mente.

Y pido decreto y afirmo que se liberen todas las memorias kármicas y de esta vida del mal uso de mi mente Divina, liberación y Sanación de la mente para conectar más y mejor con mi Corazón Sagrado y Crístico.

Que Así Sea (x3)
Así Será (x3)
Así es Ya (x3)
Gracias (x3)

Canalizado por la Maestra Anandi Christavé Namahá

OM KLIM CHRISTAVÉ NAMAHÁ (x3)

DECRETO DE SANACIÓN Y LIBERACIÓN DE LAZOS SEXUALES

En el nombre del YO SOY, YO SOY, YO SOY y en la Santa Presencia Crística en mí, Pido a la Diosa y Maestra Isis, a la Diosa y Maestra María Magdalena , y a la Diosa Radha sanar completamente y liberar de mis Chakras correspondientes todos aquellos lazos de apego Kármicos con la sexualidad mal aspectada , con la lujuria , sumisión sexual y la permisión al hombre de abusos o juegos sexuales de esta y otras vidas, así como la sexualidad homosexual que no es el equilibrio de las dos energías yin/yang en el ser para el camino espiritual de llama gemela del Plan Divino para así poder Purificar completamente la Energía sexual mal canalizada en mí y en mi llama gemela para poder elevar la energía de la Alquimia Sexual al Corazón y que sea la sexualidad Sagrada que nuestras Almas desean para la unión verdadera física en la Tierra.

Que Así Sea (x3)
Así Será (x3)
Así es ya (x3)
Gracias (x3)

Om Klim Christavé Namahá (x3)

Canalizado por la Maesta Anandi Christavé Namahá,
de la Maestra y Diosa Isis

OM KLIM CHRISTAVÉ NAMAHÁ (x3)

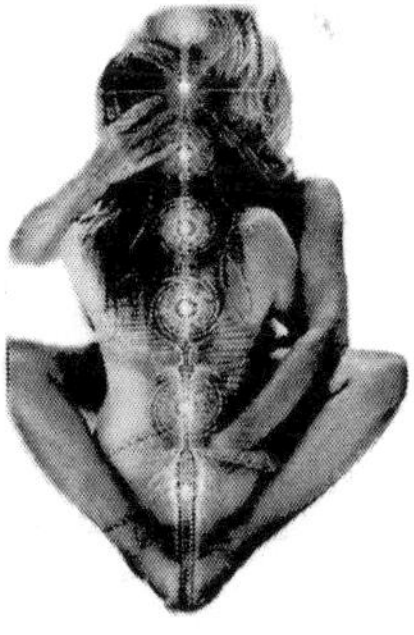

DECRETO DE LIBERACIÓN DE MEMORIAS DE LAZOS SEXUALES DE LUJURIA:

En el nombre del Yo Soy (x3) y en la Santa Presencia Crística en mi Ser, pido en el nombre de Cristo y con la ayuda de los Maestros Ascendidos, Arcángel Miguel, Arcángel Rafael, Maestra y Virgen María, María Magdalena y Diosa Isis, cortar en mí todos aquellos lazos de lujuria sexual que puedan haber en mis genitales y en otras partes de mi cuerpo dentro de los Chakras . Que sean limpiados de por vida estos lazos que me inhabilitan a la apertura de mi Chakra Corazón y a recibir más Luz Arcoíris. Que se liberen con mucha armonía y si es posible durante los sueños.

Muchas gracias Gran Dios Isis.

Que Así Sea (x3)
Así Será (x3)
Así es Ya (x3)
Gracias (x3)

Canalizado por la Maestra Anandi Christavé Namahá

OM KLIM CHRISTAVÉ NAMAHÁ (x3)

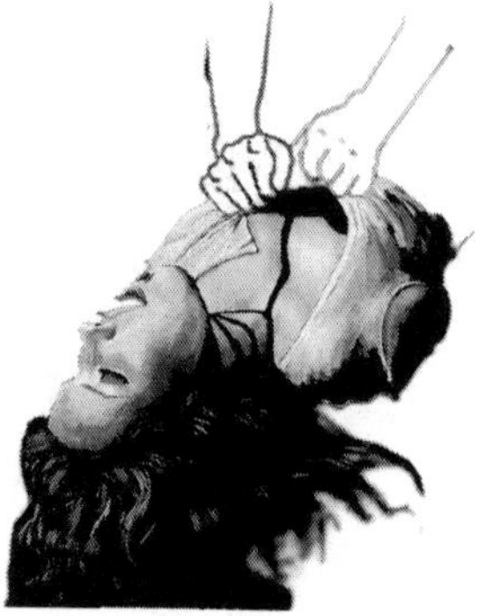

DECRETO PARA ELEVAR LA AUTOESTIMA

En el Nombre del Yo Soy y de la Presencia Crística en mi Ser, Pido Afirmo y Decreto que mi Autoestima se eleve para amarme, respetarme, valorarme y honrarme verdaderamente y que mi poder personal y mi Hara se activen para llevar a cabo la Misión de mi Alma con fuerza, amor y autoestima, y Pido, Afirmo y Decreto que antes, se limpien todas mis memorias de inseguridad, inferioridad y autoestima baja de todos mis cuerpos energéticos y ascienda al Ser que soy.

Soy Fuerza, Soy Confianza en mi mismo/a, Soy Seguridad, Soy Protección, Soy merecedor/a.

Que Así Sea (x3)
Así Será (x3)
Así es Ya (x3)

Canalizado por la Maestra Anandi Christavé Namahá

OM KLIM CHRISTAVÉ NAMAHÁ (x3)

DECRETO PARA TRABAJAR LA AUTOESTIMA EN CONEXIÓN CON LA DIOSA Y MAESTRA ISIS:

(Se recomienda hacer primero el Decreto genérico para elevar la autoestima de la página 36).

En el nombre del Yo Soy (x3) y en la Santa Presencia Crística en mi Ser, te pido a ti Gran Diosa Isis, Iluminada Diosa Sabia, Protectora del Amor Verdadero y Virtuosa en Fertilidad, conectar contigo y con tus Rayos de Luz de frecuencia Arcoíris, de Fuerza, Feminidad, Constancia, Centricidad y Fuego Femenino, especialmente el Rayo Fucsia. Pido con el permiso de Dios/Diosa que esta conexión eleve mi Seguridad Personal, mi Autoestima, mi Fuerza y mi Fortaleza, despertando en mí más Feminidad Sagrada y conectándome con las vidas en las que trabajé mi Autoestima, me amé a mí misma y tenía esa autoestima más elevada que en estos momentos. Confío plenamente en que sanaré mis memorias de autoestima baja con la ayuda y la conexión de la Diosa Isis de Egipto y me conecto aquí y ahora con la energía de la Diosa para despertar en mí el Fuego Divino, la Seguridad en mí misma y el Amor y la Valoración por mí misma. Pido lo mismo para todas las mujeres de Luz y con Luz.

Que Así Sea (x3)
Así Será (x3)
Así es Ya (x3)
Gracias (x3)

Canalizado por la Maestra Anandi Christavé Namahá

OM KLIM CHRISTAVÉ NAMAHÁ (x3)

DECRETO PARA TRABAJAR EL APEGO

En el Nombre del YO SOY, YO SOY, YO SOY y en la Presencia Crística en mí, pido ayuda a mis Guías y Maestros más elevados para liberar en mi los apegos emocionales, mentales y físicos que no me dejan avanzar y que no son energía de luz y de amor, así mismo pido liberar las memorias de apego con mi Llama Gemela o con cualquier otro ser que no me permiten sentir el Amor incondicional por mí mismo y por él.
Hago mi desapego con armonía, paz y libertad.

Que Así Sea (x3), Así Será (x3), Así es Ya (x3).

Gracias (x3).

Canalizado por la Maestra Anandi Christavé Namahá

OM KLIM CHRISTAVÉ NAMAHÁ (x3)

DECRETO PARA LAS ADICCIONES

Las adicciones provienen de los apegos, que con el tiempo, vida tras vida , si no se superan , se crean unos fuertes lazos Kármicos de apegos , a lo que se tenga adicción . Puede ser adicción a muchas cosas : a la comida , al sexo, al juego , a las drogas , a los fármacos , lazos afectivos con personas, a las compras de cosas materiales, etc... Este Decreto te ayuda , combinándolo con Terapias del Plan Divino, a eliminar esas memorias de apegos a adicciones.

En el nombre del Yo Soy (x3) y en la Santa Presencia Crística en mi Ser, Pido, Decreto y Afirmo a todos los Ángeles y Arcángeles , a la Maestra y Virgen María y especialmente al Arcángel Miguel y Rafael , que todos sus Rayos de Luz, concretamente Rayo Verde Curativo , Rayo Azul de Limpieza y Fuerza , Rayo Blanco de Purificación, lleguen a mi a través de sus manos de Luz y su Luz sea introducida por mis Chakras para liberarme armoniosamente de las Memorias de apegos a esta adicción: .... (cerrar los ojos, respirar profundamente y pedir con todo el Corazón a los Maestros y Arcángeles la ayuda para tener la Fuerza y la Constancia para eliminar esa adicción).

Me propongo con la ayuda de los Maestros Ascendidos , Ángeles y Arcángeles superar esta adicción y eliminar todas las Memorias de la misma . Pido Fuerza de Voluntad , Constancia , Dirección y Propósito. Que sean eliminadas desde ya estas Memorias.

Que Así Sea (x3)
Así Será (x3)
Así es ya (x3)
Gracias (x3)

Canalizado por la Maestra Anandi Christavé Namahá

OM KLIM CHRISTAVÉ NAMAHÁ (x3)

DECRETO PARA SANAR MEMORIAS KÁRMICAS CON LA OSCURIDAD

En nombre de la presencia Crística en mi Ser y desde mi Yo Soy, Yo Soy, Yo Soy, en el nombre de mi amado Cristo pido, decreto y afirmo, que sean transmutados completamente de mis cuerpos energéticos y de mi Alma todas aquellas Memorias Kármicas en las que me dejé manipular por la oscuridad , en las que pude pactar juramentos y votos alejándome de mi verdadero Ser, de mi camino de Luz y de Dios, y pido ayuda a todos mis Guías y Maestros Ascendidos para liberar completamente estas memorias del pasado y las libero aquí y ahora, con mucho amor, perdón y fuerza Femenina Divina para llevar a cabo esta Sanación.
Asimismo, invoco el Mantra elevado de sanación y protección del Plan Divino de las llamas gemelas:
OM KLIM CHRISTAVÉ NAMAHÁ y lo repito 3 veces.

Que Así Sea (x3)
Así Será (x3)
Así es Ya (x3)
Gracias (x3)

Canalizado por la Maestra Anandi Christavé Namahá,
de la Maestra Ascendida María.

OM KLIM CHRISTAVÉ NAMAHÁ (x3)

DECRETO PARA LIBERAR LA CULPA

En el nombre del YO SOY, YO SOY, YO SOY y en la Conciencia Divina en mí, y desde mi Yo Superior y mi Luz Crística Decreto que todas las Memorias de sentimientos de culpa que puedan permanecer en mis cuerpos energéticos y en las Memorias celulares de mi Alma, y que se hayan ido generando en esta y en otras vidas, sean disipadas y liberadas aquí y ahora y en los próximos días... con la ayuda de mis Guías y Maestros en especial invocando a la energía de Amor Incondicional de la Maestra María Magdalena y dando Gracias desde el Corazón Afirmo y Decreto que Así Sea (x3), Así Será (x3), Así es Ya (x3). Gracias (x3)

**Canalizado por la Maestra Anandi Christavé Namahá,
de la Maestra María Magdalena**

OM KLIM CHRISTAVÉ NAMAHÁ (x3)

DECRETO PARA LIBERAR SENTIMIENTO DE RECHAZO Y ABANDONO

En el Nombre del YO SOY, YO SOY, YO SOY Pido a Mis guías y Maestros en especial al Dios y Maestro Krishna, del Rayo Azul que me ayude a liberar las Memorias de ésta y de otras vidas del sentimiento de Rechazo y Abandono , y que me llenen de Luz Femenina Divina de amor para sentirme bien conmigo mismo/a y con autoestima elevada y sin apego emocional hacia las personas para no sentirme rechazado/a y abandonado/a.

Decreto, pido y afirmo que se van a liberar completamente de mis Chakras estas Memorias.

Que Así Sea (x3)
Así Será (x3)
Así es Ya (x3)

Gracias Infinitas

Canalizado por la Maestra Anandi Christavé Namahá

OM KLIM CHRISTAVÉ NAMAHÁ (x3)

DECRETO DEL MIEDO

En el nombre del YO SOY, YO SOY, YO SOY y en la Santa Divina Presencia en mí, Invoco a todos mis Guías y Maestros en especial al Arcángel Miguel y a todos sus Ángeles Servidores del Rayo Azul para que me ayuden a liberar las Memorias Kármicas del MIEDO y todos los Aspectos de éste. Que me llenen de Luz Azul de Protección, Fuerza y Confianza llevándose todas las Memorias de Miedo... Pido Decreto y Afirmo que Así es Ya y Así Será.

Que Así Sea (x3)
Así Será (x3)
Así es Ya (x3)

Gracias (x3)

Canalizado por la Maestra Anandi Christavé Namahá

OM KLIM CHRISTAVÉ NAMAHÁ (x3)

DECRETO PARA TRABAJAR Y LIBERAR EL EGO DEL JUICIO

En el nombre del Yo Soy, Yo Soy, Yo Soy, y en la Santa Presencia Crística en mi Ser, Invoco al Amado Arcángel Miguel, al Arcángel Rafael, a la Maestra y Virgen María, al Arcángel Jofiel y al Arcángel Zadquiel para trabajar mis egos; especialmente el ego del juicio, ya que a través del ego del juicio me han podido poner implantes duplicando o triplicando ese juicio. Pido tener más comprensión y empatía hacia los demás y hacia la Luz y hacia las personas de Luz que sientan y actúen desde la Verdad y no dejarme llevar por los pensamientos de juicio hacia ellas; ni envidias, ni celos, ni cualquier energía que tenga que ver con la competitividad y el ego espiritual y todo tipo de ego de enjuiciar y prejuzgar. Pido a Todos estos Maestros, Ángeles y Arcángeles Liberar en Armonía estos egos para no enjuiciar ningún acto del Plan Divino ni de los que pertenecen a Él. Lo pido desde lo más profundo de mi Corazón, siendo consciente de que de esta forma, Sanando mis egos, mi Corazón se abrirá más para poder recibir más Luz Arco Iris y Bendiciones de Dios.

Que Así Sea (x3)
Así Será (x3)
Así es Ya (x3)
Gracias (x3)

Canalizado por la Maestra Anandi Christavé Namahá

OM KLIM CHRISTAVÉ NAMAHÁ (x3)

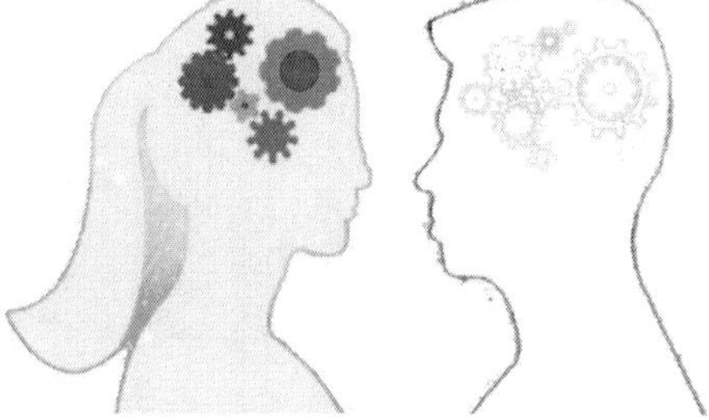

DECRETO PARA LIBERAR EL EGO DE LA ENVIDIA

En el nombre del Yo Soy (×3) y en la Santa Presencia Crística en mí, pido con toda la Fuerza de mi Corazón y la que me permita Dios pedir con este Decreto, y a través de las Meditaciones de los Egos, dormir/sanar/liberar EL EGO DE LA ENVIDIA que hay en mis chakras, en mis memorias de otras vidas, en mi mente... Y que se liberen asimismo todas aquellas vidas en las que generé envidia a otros y les perjudiqué por ese ego tan peligroso y venenoso como una serpiente. Deseo LIBERARLO/DORMIRLO/SANARLO en armonía, sin culpa y con amor hacia mí misma/o y hacia el Prójimo. Pido al Maestro Jesús, Maestro Sant Germain y al Arcángel Miguel la liberación del mismo.

Que Así Sea (x3)
Así Será (x3)
Así es Ya (x3)
Gracias (x3)

Canalizado por la Maestra Anandi Christavé Namahá

OM KLIM CHRISTAVÉ NAMAHÁ (x3)

DECRETO PARA LA ANSIEDAD Y NERVIOS (INCLUIDAS LAS IRREGULARIZACIONES CON LA ALIMENTACIÓN)

En el nombre del YO SOY, YO SOY, YO SOY y en la Presencia Crística en mí, Pido, Decreto y Afirmo liberar de mis Chakras y de todos mis Cuerpos Energéticos que componen mi Ser , todas aquellas memorias Kármicas y de esta vida de nervios , ansiedad e irregularizaciones con la alimentación que vengan provocadas por el ego de la exigencia , auto exigencia , control , perfeccionismo , culpas y baja autoestima . Deseo fluir con Armonía , Paz y Serenidad y que sea transmitido al exterior liberando estas Memorias con la misma Armonía , Paz y Serenidad . Pido ayuda para ello a mis Guías y Maestros , en especial a la Maestras y Diosas Isis y María Magdalena.

Que Así Sea (x3)
Así Será (x3)
Así es Ya (x3)
Gracias (x3)

Canalizado por la Maestra Anandi Christavé Namahá

OM KLIM CHRISTAVÉ NAMAHÁ (x3)

DECRETO DE OSIRIS: DECRETO PARA LIBERAR MEMORIAS DE ENERGÍA MASCULINA MAL ASPECTADAS

En el Nombre del YO SOY, YO SOY, YO SOY y en la Santa Presencia de mi Ser, Invoco al Dios y Maestro Ascendido Osiris, llama gemela de Isis, ambos de Egipto, para que me ayude a liberar de mis Chakras todas aquellas memorias en las que fui hombre y utilicé mal mi energía masculina , como la violencia , la ira, el abuso , el machismo , la explotación , la fuerza física con la violencia en las guerras y demás.
Las libero con mucha Armonía y le pido al Dios y Maestro Ascendido que sea con mucha Armonía por las noches mientras duermo o cuando medito, para así llenarme más de la Energía Femenina Divina y conseguir el equilibrio en mi Ser.

Que Así Sea (x3)
Así Será (x3)
Así es Ya (x3)
Gracias (x3)

Canalizado por la Maestra Anandi Christavé Namahá

OM KLIM CHRISTAVÉ NAMAHÁ (x3)

DECRETO PARA LA SANACIÓN DEL EGO Y SUS MÚLTIPLES ASPECTOS

En el Nombre del YO SOY, YO SOY, YO SOY y en la Presencia Divina Crística en mí, Pido, Decreto y Afirmo que todas las memorias del EGO Kármico despiertas en mí se liberen con Paz y Armonía y pido a todos mis Guías y Maestros que me ayuden a liberarlas y que así sea, que me ayuden a liberarlas con sus Rayos de Luz y lo pido con todo el Corazón y Humildad para así poder abrir más mi Corazón. Pido en concreto liberar las Memorias del Ego de .... y cualquier coraza y escudo que provengan de la misma forma de Ego que sea liberada también con Paz y Armonía, Gracias.

Que Así Sea (x3)
Así Será (x3)
Así es Ya (x3)

Los Aspectos del Ego pueden ser: apatía, gula, codicia y avaricia, celos, envidia, Ego Espiritual, lujuria, miedo, culpa, victimismo, ego de la excusa, ego material, ego de desear el reconocimiento, ego de tapar, ego de superioridad, ego de la ira, del enfado, egoísmo, egocentrismo...

Suelen ser generados por la baja autoestima e inseguridades que se llevan en las memorias de los Chakras desde hace muchas vidas.

Canalizado por la Maestra Anandi Christavé Namahá

OM KLIM CHRISTAVÉ NAMAHÁ (x3)

DECRETO PARA LOS IMPLANTES

En el nombre del YO SOY, YO SOY, YO SOY y de la Santa Presencia Crística en mí, pido a todos los Maestros Ascendidos en especial al Maestro Moisés y al Arcángel Miguel y a la Energía Pura Arco Iris de los 12 rayos Crísticos de DIOS, que se limpien mi mente y mis Chakras de todos aquellos implantes, microchips etéreos y energéticos de la oscuridad o restos de los mismos que hayan podido quedar en los Chakras de mi mente y en el Chakra Corazón de esta y otras vidas . Pido que las razas oscuras se alejen completamente de mi Ser y de mi entorno y que no puedan acceder a mi energía ni poner ningún implante más. En el nombre de Cristo y del Plan Divino Universal de las Llamas Gemelas Christavé Namahá.

Que Así Sea (x3)
Así Será (x3)
Así es Ya (x3)

Canalizado por la Maestra Anandi del Maestro Ascendido Moisés. (Si la persona siente trabajar con este Decreto es porque ha sentido que los pueda tener o haber tenido y quedan restos y secuelas de ellos y pidiéndolo de todo corazón los Maestros le ayudarán en la medida de lo posible y contemplando su proceso de Karma con la Oscuridad, en ese caso serán extraídos cuando ya se cierre su ciclo Kármico)

Canalizado por la Maestra Anandi Christavé Namahá

OM KLIM CHRISTAVÉ NAMAHÁ (x3)

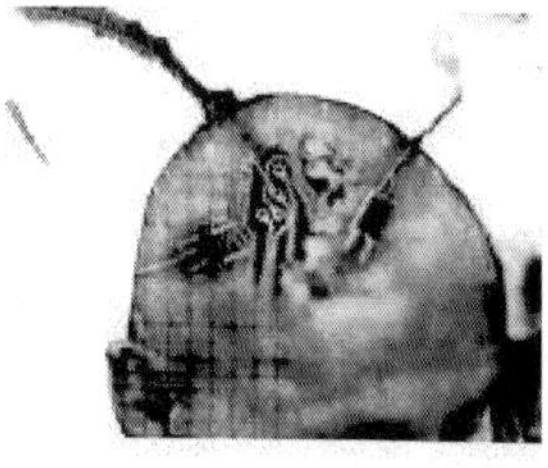

DECRETO PARA CORONAVIRUS

En el nombre del Yo Soy, Yo Soy, Yo Soy, con la Fuerza de la Luz de Dios y por mi Servicio al Mismo junto a la Maestra Anandi, pido Ayuda, Decreto y Afirmo que se paren los ataques del jefe reptiliano y de todas sus encarnaciones de los presidentes de los países en los cuales está encarnado, especialmente EEUU. Que se pare completamente el Coronavirus y se haga Justicia Divina para los creadores del mismo en EEUU por tanto mal desde principio de los tiempos que irrumpieron la Era Dorada. Que se paren los contagios por el Bien de la Humanidad, de la Tierra y de los Seres de Luz y que quede protegido el Planeta y la Misión del Plan Divino y se haga la Voluntad Divina tal cual está escrita en el Plan por el Bien y el Despertar de la Humanidad.

Que Así Sea (x3)
Así Será (x3)
Así es Ya (x3)
Gracias (x3)

Canalizado por la Maestra Anandi Christavé Namahá

OM KLIM CHRISTAVÉ NAMAHÁ (x3)

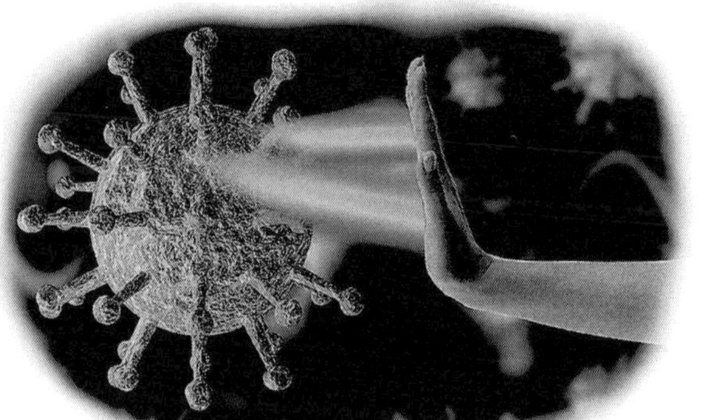

DECRETO PARA LA PROTECCIÓN DE ENERGÍAS DENSAS

En el nombre de Cristo y de la Presencia YO SOY, YO SOY, YO SOY, Invoco al Maestro Arcángel Miguel y a todo su ejército del Rayo Azul de Protección para limpiar y proteger Aquí y Ahora todos mis Cuerpos, que hayan sido alterados y debilitados por cualquier tipo de Energía negativa que esté perjudicando y obstruyendo mi camino de Luz. Te invoco amado Arcángel Miguel para limpiar y proteger también mi espacio , mi hogar y que sea llenado de Infinita y Poderosa Luz Azul.

Que Así Sea (x3)
Así es Ya (x3)

La Maestra Anandi Invocando a Miguel.

Canalizado por la Maestra Anandi Christavé Namahá

OM KLIM CHRISTAVÉ NAMAHÁ (x3)

DECRETO PARA LA PURIFICACIÓN DE LOS PENSAMIENTOS Y TRANSFORMACIÓN DEL ADN

En el Nombre de Cristo y de la Santa Presencia YO SOY, YO SOY, YO SOY, Decreto con Amor hacia mi Ser, que mi mente sea purificada de todo pensamiento y patrón negativo adquirido en el pasado y de toda forma de pensamiento auto-destructivo, pensamiento de auto- culpa, así como formas de pensamientos destructivos y de culpabilización hacia los demás.

Visualizo descendiendo desde el Universo hacia mí un rayo de Luz Blanca que penetra en mi mente, purifica, limpia e ilumina cada molécula de mi ADN transformándolo en pensamientos de Pura Luz, produciendo una Mutación y un Despertar Espiritual en Mí:

Purifico, limpio e ilumino mi mente.
Purifico, limpio e ilumino mi mente.
Purifico, limpio e ilumino mi mente.

Que Así Sea (x3)
Así Será (x3)
Así es Ya (x3)

Gracias al poder del Rayo Blanco y su Maestro Ascendido Seraphis Bay, Cohan del 4° Rayo.

Canalizado por la Maestra Anandi Christavé Namahá, de Seraphis Bay.

OM KLIM CHRISTAVÉ NAMAHÁ (x3)

DECRETO DE CURACIÓN CON EL ARCÁNGEL RAFAEL Y LA MAESTRA Y VIRGEN MARÍA

En el nombre del YO SOY, YO SOY, YO SOY y en la Santa Presencia Divina de mi Ser, pido Ayuda y Conexión con el Amado Arcángel Rafael del Rayo Verde Esmeralda y todos sus Ángeles del Rayo Verde para que junto a su Llama Ascendida Arcangelina Maestra Virgen María, unifiquen sus Fuerzas Divinas Curativas para que me bañen de sus Rayos Curativos y curen mi Alma. Y pido en concreto que me ayuden a Curar y Aliviar ....

Que Así Sea (x3)
Así Será (x3)
Así es Ya (x3)
Gracias (x3)

Canalizado por la Maestra Anandi Christavé Namahá

OM KLIM CHRISTAVÉ NAMAHÁ (x3)

DECRETO PARA LA ABUNDANCIA

YO SOY, YO SOY, YO SOY la Abundancia en la Tierra.
Hijo de la Madre Tierra Femenina y Abundante de la que me siento Merecedor/a de recibir sus frutos, su provisión y suministros materiales, su amor, su salud, su plenitud, su dicha y su felicidad, ya que soy su hijo/a y pertenezco a todos sus Reinos.

En el Nombre del YO SOY, deseo Abundancia para Todos los Seres del Planeta tanto como para mí y suelto y libero Aquí y Ahora, todo patrón antiguo grabado en mis cuerpos de "no merecer" o "no merezco" o "no está bien recibir o pedir".

Queden borrados de mi memoria celular y de mi mente cualquier Negación sobre la Abundancia y cualquier sentimiento de Escasez.

Me abro a la corriente y a la Ley Universal del DAR Y RECIBIR.
Doy y Recibo Bendiciones y Abundancia.

Que Así Sea (x3)
Así Será (x3)
Así es Ya (x3)
Gracias (x3)

Canalizado por la Maestra Anandi Christavé Namahá, de Lord Sananda.

OM KLIM CHRISTAVÉ NAMAHÁ (x3)

DECRETO PARA SANAR EL MIEDO A LA ENERGÍA DEL DINERO
(DECRETO IMPORTANTE A REALIZAR EN ESTOS MOMENTOS)

En el Nombre del Yo Soy (x3) Y en la Presencia Divina en Mí, Decreto y pido desde mi Corazón y mi Ser Superior que sean Disipadas y Liberadas de dentro de mí y de mis cuerpos energéticos, tanto en el mental, emocional y en el etérico todas las memorias de MIEDO con la energía del Dinero, que sean Sanadas y Liberadas completamente de mi interior estas Memorias de miedo e inseguridades , para abrirme a dar y a recibir Abundancia y sentirme merecedor/a en todo momento de recibir dinero para que fluya de forma honesta y armoniosa para mí y para todo mi entorno.

Que Así Sea (x3)
Así Será (x3)
Así es Ya (x3)
Gracias (x3)

Canalizado por la Maestra Anandi Christavé Namahá, del Maestro Jesús

OM KLIM CHRISTAVÉ NAMAHÁ (x3)

DECRETO PARA LA ABUNDANCIA MATERIAL Y ESPIRITUAL (RAYO ORO RUBÍ)

Decreto -Oración para pedir sin miedos , confiando y sintiéndote merecedor/a de recibir la Abundancia que necesitas, siempre que sea por necesidad y para hacer el Bien.

En el nombre del Yo Soy (x3) y en la Santa Presencia Crística en mi Ser, Pido, Decreto y Afirmo que me siento merecedor/a de recibir la Abundancia del Rayo Oro Rubí de Dios manifestándose en el Arcángel Uriel y en todos sus Ángeles del mismo Rayo Oro Rubí, Rayo de la Espiritualidad y de la Abundancia en todos los sentidos. Pido concretamente la Abundancia Material para mis proyectos, para mis necesidades, para mis deseos; siempre que sean del designio del Alma y por un Bien propio y común siempre y cuando no perjudique a nadie. Recibo la Abundancia Material y Espiritual en mi vida con confianza y agradecimiento a Dios, a los Ángeles y Arcángeles.

Que así sea (x3)
Así será (x3)
Así es ya (x3)
Gracias (x3)

Canalizado por la Maestra
Anandi Christavé Namahá

OM KLIM
CHRISTAVÉ NAMAHÁ (x3)

DECRETO CANALIZADO DE PROTECCIÓN PARA EL PLAN DIVINO DE LAS LLAMAS GEMELAS

En el Nombre del YO SOY, YO SOY, YO SOY y en la Presencia Crís tica en mi Ser, pido con Mucho Amor, Fe y Confianza en el Plan Divino Universal de las Llamas Gemelas de Anandi Christavé Namahá para la sanación de la Tierra, mucha protección Divina y pido ayuda a todos los Maestros Ascendidos que se encargan de Guardar y Protegerlo, que sea protegido completamente y a toda la Familia de Luz de Llamas Gemelas del mismo y a todos los Seres de Luz del Planeta, que sea protegido por la Gran Luz y Magnificencia de nuestro Dios Padre el Creador, y que todas las razas oscuras etéricas y encarnadas en la Tierra se alejen completamente y se cumpla la Voluntad Divina del Plan sin interferencias que atrasen lo pactado y escrito en el Plan Divino y que la Luz Arco Iris ilumine todos nuestros Seres siempre por la Gloria de Dios.

Que Así Sea (x3)
Así Será (x3)
Así es Ya (x3)
Gracias (x3)

Canalizado por la Maestra Anandi Christavé Namahá

OM KLIM CHRISTAVÉ NAMAHÁ (x3)

DECRETO PARA PROTECCIÓN DE TECNOLOGÍA Y APARATOS ELECTROMAGNÉTICOS

En la Presencia Crística en mí y por el poder Espiritual de Luz y Amor que se me otorga , protejo total y completamente los móviles , ordenadores y que todo lo que entre sea Luz, Amor y Abundancia y que quede protegido de todo mal y oscuridad.

Que Así Sea (x3)
Así será (x3)
Así es ya (x3)
Gracias (x3)

Canalizado por la Maestra Anandi Christavé

OM KLIM CHRISTAVÉ NAMAHA (x3)

Este Decreto y la mayoría de los Símbolos Sagrados son canalizados únicos del Plan Divino Universal de las Llamas Gemelas Christavé Namahá

DECRETO PARA PROTECCIÓN DE LA TECNOLOGÍA

En el Nombre del YO SOY, YO SOY, YO SOY y en la Santa Presencia Crística en mi Ser pido por Justicia Divina del Plan Divino Universal y por honor a la Verdad de Dios para la Tierra, con mucha humildad y Amor desde lo más profundo del Alma, pido, decreto y afirmo mu- cha protección divina de los Maestros Ascendidos en especial del Arcángel Miguel, del Dios Osiris, de la Diosa Isis y de la Maestra María, para que creen una banda electromagnética de frecuencia Arco Iris protectora en Facebook y en todas las redes sociales para la misión comunicados para transmitir la Verdad del Plan Divino y de las Llamas Gemelas así como la existencia de las razas oscuras en la Tierra y todas las Misiones del Plan con la tecnología.
Luz arco iris para Facebook, para Gmail, para Youtube, para Instagram y Twitter, y para cada uno de nuestros móviles y ordenadores y que nada ni nadie pueda interferir esta elevada Misión.

Que Así Sea (x3)
Así Será (x3)
Así es Ya (x3)
Gracias (x3)

Canalizado por la Maestra Anandi Christavé Namahá

OM KLIM CHRISTAVÉ NAMAHÁ (x3)

DECRETO DE LIBERACIÓN ARMONIOSA DE MEMORIAS KÁRMICAS
(se puede trabajar junto con el de la Llama Violeta y el Perdón)

En el nombre del YO SOY, YO SOY, YO SOY y en nombre del Maestro Jesús y de la Energía Crística en mi Corazón, hago un llamado a todos los Maestros y Maestras Ascendidas del Tribunal Kármico para que las Memorias de dolor y de todo tipo de sentimientos y emociones de baja frecuencia instalados en mis cuerpos energéticos que pertenezcan a esta y a otra vidas, sean liberadas armoniosamente con la Energía más elevada del Amor Incondicional del Padre y que sean liberadas Aquí y Ahora de todos mis cuerpos sutilmente pero profundamente desde la raíz.

Que Así Sea (x3)
Así Será (x3)
Así es Ya (x3)

Gracias (x3)

Canalizado por la Maestra Anandi Christavé Namahá

OM KLIM CHRISTAVÉ NAMAHÁ (x3)

DECRETO DE LIBERACIÓN A TRAVÉS DEL PERDÓN

En el nombre del YO SOY, YO SOY, YO SOY y en la Presencia Divina en mí desde mi Yo Superior invoco a la Ley del Perdón y a través de ella yo te pido perdón...... (decir el nombre de la persona) por todo pensamiento, sentimiento, palabra o acción incorrectos emitidos hacia ti. Y por todo el daño que te haya podido causar en esta o en otras vidas.

Yo invoco la ley del Perdón y a través de ella yo te perdono...... (decir el nombre de la persona) por todo pensamiento, sentimiento, palabra o acción incorrectos emitidos hacia mí. Y por todo el daño que me hayas podido causar en esta o en otras vidas.

Yo invoco la ley del Perdón y a través de ella yo me perdono a mí mismo/a por todo pensamiento, sentimiento, palabra o acción incorrecto que haya emitido hacia...... (nombre de la persona) y hacia mí mismo/a y por todo el daño que le haya podido causar y me haya podido causar en esta o en otras vidas.

Yo te libero y me libero a mí mismo/a y pongo en manos del Consejo Kármico nuestra situación, con Luz y Amor.

Te doy las gracias por todo lo que he aprendido de ti y por nuestra relación de Luz y Amor.

TE PIDO PERDÓN, TE PERDONO Y ME PERDONO (X3)
Que Así Sea (x3)
Así Será (x3)
Así es Ya (x3)

Visualizar el símbolo infinito entre las dos personas de color violeta durante unos minutos y luego la Luz Dorada que nos baña a los dos. Canalizado por la Maestra Anandi Christavé Namahá.

OM KLIM CHRISTAVÉ NAMAHÁ (x3)

DECRETO PARA SANAR LAS ANTIGUAS HERIDAS CON OTRO SER

Yo soy la Unidad con el Amor Verdadero.
Yo soy la Unidad con el propósito de desapego, liberación y perdón de todo vínculo desarmónico establecido en el pasado con............

Yo soy el Equilibrio.
Yo soy el poder del Equilibrio con el propósito de desapego, liberación y perdón de todo vínculo desarmónico establecido en el pasado con.............

Yo soy la Armonía.
Yo soy la Armonía con el propósito de desapego, liberación y perdón de todo vínculo desarmónico establecido en el pasado con..............

Yo soy la Compasión Suprema.
Yo soy la Compasión Suprema con el propósito de desapego, liberación y perdón de todo vínculo desarmónico establecido en el pasado con................

Yo soy el Amor Incondicional que libera y sana.
Yo soy el Amor Incondicional que libera y sana todo vínculo que pudiera haberse establecido con..........

Yo soy la Paciencia y la Confianza.
Yo soy la Paciencia y la Confianza con el propósito de desapego, liberación y perdón de todo vínculo desarmónico establecido en el pasado con......

Yo soy la Paz y la Alegría.
Yo soy la Paz y la Alegría con el propósito de desapego, liberación y perdón de todo vínculo desarmónico establecido en el pasado con........................

Yo acepto totalmente esta liberación de toda energía de desarmonía que me vincula a..........y me comprometo conmigo mismo a pensar, sentir y desear solo la bendición para mí y para...........

(Este Decreto es de la Terapeuta Nina Llinares y sentí de añadirlo a este libro porque me fue muy bien cuando lo decretaba).

OM KLIM CHRISTAVÉ NAMAHÁ (x3)

DECRETO ENERGÍA DE LOS DELFINES: PARA CONECTAR CON LA PUREZA DEL CORAZÓN

En la Presencia Crística en mi SER y conectando con mi Canal coronario y Canal Delfínico, invoco el Alma Elevada de los Ángeles del MAR los Seres Delfines encarnados en esta ERA, Portadores de la Energía Femenina Divina y de la PUREZA para que me ayuden a conectar con mi Pureza, Alegría, Feminidad y poder irradiarla a los demás. Y le pido a los Ángeles Sanadores del MAR mucha Protección Divina para el Plan y para toda la Tierra y todos nosotros hijos de Luz de la Madre Tierra.

Que Así Sea (x3)
Así Será (x3)
Así es Ya (x3)
Gracias (x3)

Canalizado por la Maestra Anandi Christavé Namahá

OM KLIM CHRISTAVÉ NAMAHÁ (x3)

DECRETO DE CONEXIÓN CON LA LUNA LLENA

En el Nombre del YO SOY, YO SOY, YO SOY y en la Santa Presencia CRÍSTICA en mi Ser Invoco a la Diosa Isis, Maestra Ascendida Diosa de la Luna para que me conecte con la Mágica, Sanadora y Elevada Energía Femenina de la Luna para despertar mi feminidad Sagrada para abrir mi corazón, sanar mi mente y así conectar con mi alma y mi ser espiritual. Al mismo tiempo le pido a la Energía de la Luna en la posición y ciclo de hoy (Pedir deseo de Sanación en el camino Espiritual del Alma).

Que Así Sea (x3)
Así será (x3)
Así es ya (x3)
Gracias (x3)

Canalizado por la Maestra Anandi Christavé Namahá

OM KLIM CHRISTAVÉ NAMAHÁ (x3)

DECRETO PARA LA MUJER Y SU ENERGÍA FEMENINA

Desde mi Yo Superior y en el nombre del YO SOY, YO SOY, YO SOY Bendigo, Valoro y Amo a toda mi persona, desde mi mente, mi Corazón, mi cuerpo físico, mis cuerpos energéticos y cuerpos de Luz, en especial Amo y Despierto en cada momento el poder de la Energía Femenina que habita en mí.
Reclamo ahora con Amor y Compasión el despertar de mi Fuerza Femenina para nutrirme, protegerme y recibir todos sus Dones. Y reclamo ahora con Amor, Luz y Compasión que despierte la sabiduría ancestral en mí para saber cómo actuar en cada momento y cada situación que se me presente en el camino.

Yo soy una mujer fuerte (3 veces)
Yo soy una mujer sabia (3 veces)
Yo soy una mujer sin apego emocional (3 veces)
Yo soy Luz, Amor y Perdón (3 veces)
Yo soy un Ser compasivo capaz de perdonar a los que me hirieron (3 veces)
Yo soy un Ser abundante hija de la Madre Tierra abundante (3 veces)
Yo soy y estoy en equilibrio con mis dos Energías, Femenina y Masculina (3 veces)

Que Así Sea (x3)
Así Será (x3)
Así es Ya (x3)
Gracias (x3)

Canalizado por la Maestra Anandi Christavé
de Lady Nada, María Magdalena

OM KLIM CHRISTAVÉ NAMAHÁ (x3)

DECRETO PARA CONECTAR CON LA ENERGÍA FEMENINA DIVINA DE LAS SIRENAS

En el nombre del Yo Soy, Yo Soy, Yo Soy y en la Presencia de Cristo en mi Ser, pido a todas las Maestras Ascendidas y al Maestro Jesús y a nuestra Alma más elevada, conectar con nuestra Energía Femenina Divina de las Sirenas. La Sirena que fui, la Sirena que soy y la que permanece en mí, para proteger, sanar, liberar y desprender mucha Energía de Feminidad, Fuerza y Amor Incondicional para irradiarlo al Plan Divino y al Planeta Tierra y bajo la Voluntad de Dios que se haga Justicia Divina ya.

Que Así Sea (x3)
Así Será (x3)
Así es Ya (x3)
Gracias (x3)

Canalizado por la Maestra Anandi Christavé Namahá

OM KLIM CHRISTAVÉ NAMAHÁ (x3)

DECRETO PARA CONECTAR CON LA DANZA DEL VIENTRE EGIPCIA CONEXIÓN ENERGÍA DE SIRENAS Y DIOSA ISIS

En el nombre del Yo Soy (x3) y en la Santa Presencia Crística de mi Ser, Decreto, Pido y Afirmo conectando con la Energía Pur Femenina de las Sirenas, que toda la Fuerza Femenina Divin de la Diosa de las Sirenas entre en mí aquí y ahora para protegerme de todo mal y oscuridad; para elevar mi Autoestima, para quererme, amarme, respetarme y valorarm sin esperar eso de los demás. Primero lo tengo que sentir yo para darlo a los demás de modo Incondicional.

Ayúdame a sentir lo que es la Autoestima, estar bien conmig misma, liberar las Memorias de Autoestima baja con mucha Armonía; sentirme fuerte, sentirme ágil, sentirme amada, amarme y que esa Luz Femenina Divina llegue a mi mente y a mi Corazón para que estén en calma.

Y le pido mis deseos con la Danza Sagrada para ayudar al Pla Divino Christavé Namahá.
Y le pido con la Danza... (PETICIÓN A LA DIOSA ISIS).

Que así sea (x3)
Así será (x3)
Así es ya (x3)
Gracias (x3)

OM KLIM
CHRISTAVÉ NAMAHÁ (x3)

Canalizado por la Maestra
Anandi Christavé

DECRETO INVOCACIÓN A LA ENERGÍA DE LAS HADAS

La Energía de las Hadas es una Energía de Alegría, de espontaneidad, de Fuego Femenino... Es una Energía sutil, delicada y mágica... Donde la Magia en tu vida se puede hacer realidad porque la Luz es la Magia y la Magia es Luz.

En el nombre del Yo Soy (x3) y en la Santa Presencia Crística en mi Ser, Invoco la Energía Femenina de las Hadas Etéricas de la Naturaleza para que esa Energía se impregne en mí para sentir todas las Virtudes Femeninas de las Hadas y que se activen todas las Memorias de las Encarnaciones en las que fui Hada y trabajaba la Magia para ayudar al Planeta y a los Humanos. Pido Conectar con esa Energía Divina creada por Dios-Diosa para que me ayude a conectar con la Alegría, la Fuerza, el Fuego y a sentirme bien conmigo misma sintiendo mis Dones Femeninos Mágicos y Despertándolos.

Que así sea (x3)
Así será (x3)
Así es ya (x3)
Gracias (x3)

Canalizado por la Maestra
Anandi Christavé Namahá

OM KLIM CHRISTAVÉ
NAMAHÁ (x3)

DECRETO PARA CONECTAR CON LOS PORTALES DE LUZ DEL PLANETA

En el nombre del Yo Soy (x3) y en la Santa Presencia Crística e mí, pido como Canal de Dios en la Tierra; si así se me permite conectar con los Portales de Luz del Planeta como el Portal d Lourdes en Francia, el Portal del Maestro Jesús, la Maestra María Magdalena y la Virgen María en Glastonbury (Inglaterra); así como todos los Portales de Luz que están vinculados y conectados al Plan Divino Christavé Namahá com el Portal de las Pirámides de México y Machu Picchu, el Mont Shasta, el Monte Saint-Michel en Francia, la Hoya del Salobra del Santo Custodio, los Portales de Luz de las Islas Baleares qu conectan con Orión como Menorca, Formentera; los Portales d Luz de Galicia como el de Santiago de Compostela y los Portale de Luz conectados con la Luna de Barcelona, Montserrat y Almería (Andalucía), y asimismo todos los del Planeta que estén conectados al Plan Divino Christavé Namahá como Argentina, Perú, Egipto, India, Grecia... Para la Máxima Protección, para pedir más Sanación, más Luz a los Maestros Ascendidos y pedir más Energía Christavé para mis Chakras y mi proceso de Evolución Espiritual y pedir en general por la Tierra y por el Plan Divino Universal de las Llamas Gemelas.

Que así sea (x3)
Así será (x3)
Así es ya (x3)
Gracias (x3)

Canalizado por la Maestra
Anandi Christavé Namahá

OM KLIM
CHRISTAVÉ NAMAHÁ (x3)

NUEVO DECRETO ATLÁNTIDA (Momentos Finales) y CANALIZACIÓN MAESTRO JESÚS

Muchas de las Llamas Gemelas del Plan Universal Christavé Namahá para la Ascensión de la Tierra en este Principio de Era Dorada y para la Ascensión en esta encarnación estuvieron en Atlántida en esos momentos finales dónde hubo su destrucción y posteriormente el hundimiento. Su destrucción por la Guerra ocasionada entre el bien y el mal originó un periodo iniciático en ese momento de gran oscuridad que marcaría y llenaría la Tierra de poder, avaricia y de pérdida del ser humano Espiritual provocado por la invasión de la raza extraterrestre oscura Draconiana-Reptiliana, y posteriormente visitó el Planeta los Annunakis y Grises. En la época del Maestro Jesús, Jeshuá, Cristo en Tierra Santa había un Plan Divino para salvar a la humanidad y volver a la Era Dorada que brilló por una Era casi completa en el continente de Atlántida actualmente sumergido parte de él en Tierras Andaluzas. Cristo portador del Plan Divino de Dios, al cual crucificó la oscuridad (razas oscuras encarnadas) no pudo terminar del todo el Plan pero se logró crear una gran semilla Crística en los Corazones y en el Planeta en lugares que ahora son Sagrados, por dónde él pisó, y esa semilla es la que resucitará en cada ser humano de Luz Gracias al Plan Divino Universal de las Llamas Gemelas Christavé Namahá que se viene a terminar el Gran Trabajo y Servicio del Maestro Jesús para la Ascensión definitiva del Planeta con la marcha de las razas oscuras a través de la unión de las Llamas Gemelas.

En aquella época final en Atlántida muchas llamas gemelas generaron grandes karmas con la oscuridad dejándose manipular entre otras acciones lejos de su corazón y de su camino de Luz y Servicio con su Llama Gemela que estaban emprendiendo con las Enseñanzas que ya transmitía y canalizaba la Maestra Anandi Christavé por aquel entonces que canalizaba de nosotros Ascendidos y del mismo Dios. El Amor Verdadero, las Llamas Gemelas y las verdaderas Leyes Espirituales y Universales de Dios en la teoría y la práctica de las mismas, puesto que su alma es una de las más antiguas del Planeta, y ha servido de Maestra del ser humano en la Tierra desde aquel entonces, por esa razón ha podido escribir un Plan Divino para esta encarnación basado en el Plan Original de Dios y sus Leyes y reescrito de lo sucedido en Atlántida para esta vida, como forma única de que todas las Llamas Gemelas puedan unirse por fin y pue- dan sanar los karmas generados de Atlántida tan antiguos y los karmas del ego y que los hombres llama puedan por fin reconocer a sus

llamas gemelas que durante muchas vidas a causa del ego masculino y karmas con la oscuridad no pudieron reconocer, por esa razón es altamente necesario el retiro de purificación que dura unos años Tierra y que para nosotros ya está hecha la labor!
Y mientras, el Plan entero se va preparando con la labor de la Maestra y la Energía Femenina Divina que se está generando y transmitiendo despertando ya en muchos corazones femeninos a través de estas Enseñanzas de la Feminidad que contienen nuestra Energía Lumínica de Frecuencia Arco Iris.

Este Decreto está diseñado para que cada uno de vosotros pueda ver su paso por la Atlántida en ese momento en el tiempo, y que es lo que ocurrió, para tener mayor comprensión y apertura de conciencia de sus karmas y acelerar el proceso dentro de lo preescrito en el Plan Divino Universal. Y para que se tenga constancia por uno mismo de la Verdad transmitida y no se haga caso a nada que no provenga del Plan. La invasión de la Mentira Espiritual es una cantidad importante... Pedidnos Mucho y apoyad al Plan, Decretad, es y va a ser el Amor Divino de Dios manifestado en la Tierra. Os Amamos. Amor y Bendiciones.

Om Klim Christavé Namahá

Maestro Jesús

NUEVO DECRETO ATLÁNTIDA (Momentos Finales)

En el Nombre del YO SOY, YO SOY, YO SOY y en la Presencia Crística en Mi Ser, Invoco a todos los Maestros Ascendidos que nos Guían ahora y siempre encargados de Guardar el Plan Divino Universal para esta encarnación, en especial al Maestro Jesús, a la Maestra y Diosa Isis y al Alma de la Maestra Anandi para que me den visión espiritual, me permitan abrir todos mis dones de visión, percepción, clarividencia así como limpiar y purificar mi canal (Chakras de la mente) y poder ver en qué momento, cómo y cuando se generó mi karma en los momentos finales Atlántida que encarné con mi llama gemela dentro del Plan Divino de aquel entonces, y si se generó el mismo, permitidme ver para comprender y sanar más y convertirme en el Ser que soy, plenamente Espiritual activo y puro de corazón con Fe y Confianza en mi camino y en mi ayuda al Plan Divino. Tengo Fe y Certeza en mi Felicidad y en la de todos con el cumplimiento del Plan. Invoco el Rayo Azul de Limpieza y Purificación así como de Certeza y Fe (visualizar respirando lentamente y fluidamente que entra el rayo a través de la coronilla y pasa por toda la columna vertebral inundando todos los canales de luz azul índigo brillante, pasados unos minutos, visualizar lo mismo en Luz Dorada brillante).

Que Así Sea (x3)
Así Será (x3)
Así es Ya (x3)

Canalizado por la Maestra Anandi Christavé Namahá
del Maestro Jesús

OM KLIM CHRISTAVÉ NAMAHÁ (x3)

DECRETO PARA RECORDAR LOS SUEÑOS

Introducción: La mayoría de los sueños que tenemos de noche mientras el cuerpo físico descansa contienen información muy valiosa que nos puede ayudar en nuestro camino del alma, sobretodo a medida que vas ampliando y elevando la conciencia de la misma alma, los sueños ya son plenamente información y mensajes de los Guías y Maestros de Luz. Aquí va el Decreto para leerlo 3 veces seguidas en voz alta antes de ir a dormir. Estas sí son recetas curativas... Más Decretos y Meditación y menos Química y Medicación. Nos quieren quitar del medio a la Humanidad y que no despierten con química la mayoría de las veces innecesaria. También mucho es obra de la oscuridad porque la química obstruye los centros energéticos (Chakras). ¿Les vas a seguir el juego a los oscuros o deseas despertar y ser feliz y saber quién eres realmente y qué haces aquí?

En el Nombre del YO SOY, YO SOY, YO SOY y en la Presencia Crística en mi Ser, pido a mis Ángeles, Arcángeles, Guías y Maestros de Luz con mucha humildad, amor hacia ellos y confianza que purifiquen mi mente, limpien mis centros energéticos de la mente y todo lo que pueda estar obstruido con energía de pensamientos negativos y con preocupaciones e inseguridades para poder RECORDAR LOS SUEÑOS de esta noche al despertar y que me deis toda la información necesaria que deba saber a través de un sueño, una visión en el sueño. Y deseo también preguntaros ....y que si tiene que ser me den la Respuesta en el mismo sueño.
Muchas Gracias por Guiarme y Protegerme.

Que Así Sea (x3)
Así será (x3)
Así es ya (x3)
Gracias (x3)

Canalizado por la Maestra
Anandi Christavé Namahá

OM KLIM CHRISTAVÉ NAMAHÁ (x3)

DECRETO-ORACIÓN PARA PEDIR A LOS MAESTROS, ÁNGELES Y ARCÁNGELES SUEÑOS Y VISIONES DEL FUTURO PRÓXIMO DEL PLAN DIVINO UNIVERSAL CHRISTAVÉ NAMAHÁ

RECOMENDACIONES: Se recomienda, antes de hacer este Decreto diariamente 1 o 2 veces al día leyéndolo 3 veces seguidas en voz alta, también un poco de más purificación de la mente para poder recordar los sueños que los Maestros ponen, y sería a través de la Meditación Diaria y de la utilización de los cuarzos en el tercer ojo, como puede ser el Cuarzo Amatista, Charoíta o Sugilita junto con el Cuarzo Blanco, puestos juntos en la zona de la frente del entrecejo en la Meditación estirados y si es con la imposición de manos para la canalización de Energía Reiki mejor. Se recomienda también la Meditación de Limpieza y Armonización de Chakras que está disponible en SPOTIFY, que lo disfruten porque además todo ello junto sana mucho, relaja y te da más conexión con tu Alma.

En el Nombre del YO SOY, YO SOY, YO SOY y en la Presencia de Cristo dentro de mi corazón, Invoco al Maestro Ascendido Jesús, Cristo y a su Llama Gemela Ascendida la Maestra María Magdalena para que Ellos junto con el Arcángel Gabriel de la Anunciación y todo su Ejército de Ángeles del Rayo Blanco junto con la Maestra Ascendida del Plan Divino Universal Christavé Namahá para la Unión de las Llamas Gemelas: Iris Anandi Christavé me pongan en sueños y visiones dónde mi mente racional no interviene y solo vuestra Guía y la de mi Alma Sabia, me pongan el futuro del Plan Divino, mi misión dentro de Él, las misiones del Plan General, la existencia de las razas oscuras encarnadas y todo lo que va a pasar y venir en el cumplimiento del Plan y le pido una visión de futuro próximo con mi Llama Gemela .... 💗💗 Que se haga la Voluntad Divina y la Justicia Divina en la Tierra y que todos los Seres puedan verlo pronto Despertando sus Almas.

Que Así Sea (x3)
Así Será (x3)
Así es Ya (x3)
Gracias (x3)

Canalizado por la Maestra
Anandi Christavé Namahá

OM KLIM CHRISTAVÉ NAMAHÁ (x3)

DECRETO DE GRATITUD Y PETICIÓN PARA EL CAMINO DEL ALMA Y EL PROPÓSITO DE VIDA

En el nombre del Yo Soy, Yo Soy, Yo Soy y en la Santa Presencia Crística en mi Ser, deseo dar las Gracias desde mi más puro Corazón y la Conexión con mi Alma a Dios Padre Todo Poderoso y a todos los Maestros Ascendidos por Guiarme, Protegerme y Amarme cada día de mi vida, así mismo DOY LAS GRACIAS a los Ángeles y Arcángeles por su Protección continua y su Amor Incondicional e Infinito a mí y a cada uno de los Seres de Luz e hijos de Dios. Gracias, Gracias, Gracias. Mi Decreto hoy es de Agradecimiento y de pedir que me guiéis en mi Camino de Luz. Pido que cuál sea mi Camino, el que está escrito en mi Alma, el que haya pactado la misma con mis Guías y Maestros, me conduzcáis a él y me deis las señales y la guía que me indiquen que es por ahí.

Que Así Sea (x3)
Así Será (x3)
Así es Ya (x3)
Gracias (x3)

Canalizado por la Maestra Anandi Christavé Namahá

OM KLIM CHRISTAVÉ NAMAHÁ (x3)

DECRETO DE INVOCACIÓN A LOS ÁNGELES

En el Nombre de Cristo y en la Santa Presencia Divina en mí del Yo Soy, Yo Soy, Yo Soy, invoco a la Maravillosa, Milagrosa, Delicada, Brillante y Elevada Presencia de los Seres Angelicales, LA PRESENCIA DE LOS ÁNGELES para que todos ellos, los que estén bajo mi guardia y los que ayuden junto a los Arcángeles y sus Rayos de Luz y según mis peticiones, me ayuden y me concedan lo que les pido desde el Corazón y desde el Alma, comprendiendo la Ley del Karma y mi proceso ante esta. Pido también conectar con los maravillosos seres Ángeles, poder verlos y sentirlos, y hago mis peticiones a ellos agradeciendo por adelantado tan maravillosos Regalos .... (petición).

Que Así Sea (x3)
Así Será (x3)
Así es Ya (x3)
Gracias (x3)

Canalizado por la Maestra Anandi Christavé Namahá

OM KLIM CHRISTAVÉ NAMAHÁ (x3)

DECRETO INVOCACIÓN A LA MAESTRA ANANDI CHRISTAVÉ NAMAHÁ PARA FALSAS LLAMAS

En el nombre de Cristo y de la Santa Divina presencia de su Ser, invoco la energía y el Alma de la Maestra Ascendida encarnada en la Tierra de las Llamas Gemelas, Iris Anandi Christavé Namahá para que me ayude en mi proceso mientras tenga que estar en la Tierra, su Alma me ponga toda la información que necesite saber para dar Testimonio, que su Luz Arcoíris se extienda y culmine sobre mí, poder sentirla y que haga activar la Energía Femenina trabajada de muchas vidas de preparación del Plan Divino y que de este modo se active la Misión de mi Alma y mi proceso para canalizar los Testimonios , quedando totalmente protegida /o y guiada /o por todos nuestros Guías y Maestros principales y nuestro Dios Padre Creador del Universo . Le pido a la Maestra Anandi que su Alma me ponga toda la información que necesite saber sobre mi ser oscuro , lo que hice en Atlántida y otras vidas atacando al Plan Divino , lo que hace el ser de Zanetti e Iván Caballero García en todos los planos , cómo se crean nuestros cuerpos manipulando el ADN , la información de nuestros programas , la manipulación de implantes de David Bisbal y toda la información que necesite ver y saber para dar Testimonio.

Que Así Sea (x3)
Así Será (x3)
Así es Ya (x3)
Gracias (x3)

Canalizado por la Maestra
Anandi Christavé Namahá

OM KLIM CHRISTAVÉ NAMAHÁ (x3)

DECRETOS ESPECIALES PARA FALSAS LLAMAS:

DECRETO ESPECIAL PARA FALSAS LLAMAS 1 (PROTECCIÓN DE LOS MAESTROS ASCENDIDOS)

Este Decreto es para la protección de los Maestros, Ángeles y Arcángeles para todas las Falsas Llamas que están en el proceso de liberación de Memorias, de dormir egos y de desactivación de implantes y programas.

Yo aquí y ahora, como canal para transmitir la Verdad del Plan Divino Universal, Pido con Poder, Fuerza y Armonía, toda la máxima protección de Dios Creador del Universo, de sus Potestades de Ángeles y Arcángeles, de Arcángel Miguel y Rafael especialmente, de Isis y Osiris, Maestro Jesús y Dios Neo Orión, que es el mismo Dios, Creador de toda la Luz y la Divinidad. Pido proteger mis cuerpos físicos y astrales y proteger mi mente y emociones del ego para que siga entrándome la Luz. Y pido que la Luz siga y siga en mí , protegiendo máximamente y que todo dolor y mal se aleje completamente. Y pedimos en el nombre de Cristo la Justicia Divina para los manipulados del Plan Divino y las falsas llamas con el programa de atacar.

Que Así Sea (x3)
Así Será (x3)
Así es Ya (x3)
Gracias (x3)

Canalizado por la Maestra Anandi Christavé Namahá

OM KLIM CHRISTAVÉ NAMAHÁ (x3)

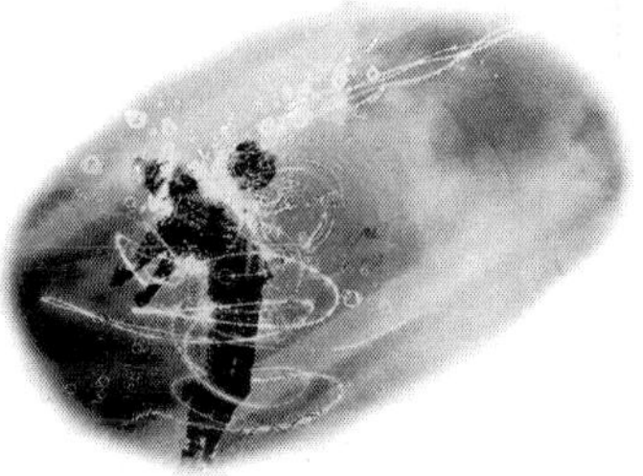

DECRETO ESPECIAL PARA FALSAS LLAMAS 2 (PROTECCIÓN PARA ALEJAR Y DORMIR AL SER OSCURO Y CONEXIÓN CON EL PLAN DIVINO)

Este Decreto es especialmente canalizado para mantener al ser oscuro dormido completamente para que no pueda atacar y para conectar más con la Luz y con toda la información del Plan Divino.

Pido, Decreto y Afirmo, invocando a la Energía, a la Luz y al Alma de Cristo y del Espíritu Santo y a todas las Energías Angelicales que los acompañan, y así mismo a la Virgen María, mucha protección para esta oración y que sea manifestada su Protección y su Fuerza para ayudarme a estar en Calma y en Armonía, a poder ver la Verdad en mi mente, poder ayudar al Plan Divino Universal para esta encarnación y hacer lo que sea más propicio en beneficio al Plan y a los Seres de Luz. Pido en el nombre de Cristo mucha protección, la máxima protección, pidiendo a los Maestros y al mismo Dios que mi ser oscuro se mantenga alejado completamente de hacer el mal y que el jefe reptiliano no pueda acceder a mí ni darme órdenes bajo ningún concepto. Ayudo a la Luz y me mantengo en la Luz.

Que Así Sea (x3)
Así Será (x3)
Así es Ya (x3)
Gracias (x3)

Canalizado por la Maestra
Anandi Christavé Namahá

OM KLIM CHRISTAVÉ NAMAHÁ (x3)

DECRETO DE MÁXIMA PROTECCIÓN PARA FALSAS LLAMAS INVOCANDO A DIOS KRISHNA

Este Decreto es para la invocación a Dios Krishna con toda su Fuerza, para la máxima protección que necesitamos las Falsas Llamas frente a los ataques que el Jefe Reptiliano nos hace por estar ayudando al Plan Divino Universal. (Foto Krishna)

En el Nombre de Cristo y de la Santa Presencia de su Ser, invoco firmemente con Fuerza y Fe al Dios Neo Orión Krishna y a todo su ejército del Rayo Azul de Protección, junto con el Dios Krishna, Guerrero de todo mal y oscuridad, y a todas las encarnaciones del mismo Dios para PEDIRLES LA MÁXIMA AYUDA CON URGENCIA ante esta situación con el jefe reptiliano, Hitler Iván Caballero García, la máxima protección contra él y contra todo su ejército del mal y todos los manipulados del Plan, brujas y falsas llamas, pido una burbuja protectora permanente y toda la máxima Luz Divina posible para que no puedan atacarme/atacarnos a mi .... (decir nombre propio y de las personas que quieras), lo pido con súplica y ruego. (Y a continuación orar un Padre Nuestro).

Que Así Sea (x3)
Así Será (x3)
Así es Ya (x3)

Gracias (x3)

Canalizado por la Maestra
Anandi Christavé Namahá

OM KLIM CHRISTAVÉ NAMAHÁ (x3)

DECRETO DE SANACIÓN DEL EGO Y SUS MÚLTIPLES ASPECTOS PARA FALSAS LLAMAS

En el Nombre de Cristo y de la Presencia Divina Crística en mi, Pido, Decreto y Afirmo que todas las memorias del EGO Kármico despiertas en mi se duerman y aplaquen por completo con Paz y Armonía . Y pido a todos mis Guías y Maestros que me ayuden a dormir todos mis egos y que así sea. Que me ayuden a dormirlos con sus rayos de Luz y lo pido con todo el Corazón y Humildad para así poder ayudar al Plan Divino. Pido en concreto aplacar los egos de apatía, gula, codicia, avaricia, celos, envidia, ego espiritual, lujuria, miedo, culpa, victimismo, ego de la excusa, ego material, ego de desear el reconocimiento, ego de tapar, ego de superioridad, ego de no aceptar, ego de la queja, ego de la ira, ego del enfado, egoísmo, egocentrismo, control, ansiedad, miedo a la escasez material, inferioridad, ... y cualquier coraza y escudo que provengan de la misma forma de ego que sea dormida y aplacada también con Paz y Armonía y con la ayuda de todos los Maestros y el mismo Dios.

Que Así Sea (x3)
Así Será (x3)
Así es Ya (x3)
Gracias (x3)

Canalizado por la Maestra Anandi Christavé Namahá

OM KLIM CHRISTAVÉ NAMAHÁ (x3)

DECRETO DE LIBERACIÓN DE IMPLANTES PARA FALSAS LLAMAS

En el nombre de la Santa Presencia Crística en mi y en nombre de mi amado Cristo, Pido a todos los Maestros Ascendidos, en especial al Maestro Moisés, al Arcángel Miguel y a la Energía Pura ArcoÍris de los 12 rayos Crísticos de DIOS, que se limpien mi mente y mis Chakras de todos aquellos implantes, microchips y programas etéreos y energéticos de la oscuridad o restos de los mismos que hayan podido quedar en los Chakras de mi Mente y Corazón y en todo mi Ser de esta y otras vidas. Pido a todos los Maestros y al mismo Dios que se anulen y eliminen todos los programas impuestos por el jefe reptiliano, programas de falso Karma, en especial ....

Que Así Sea (x3)
Así Será (x3)
Así es Ya (x3)
Gracias (x3)

Canalizado por la Maestra Anandi Christavé Namahá

OM KLIM CHRISTAVÉ NAMAHÁ (x3)

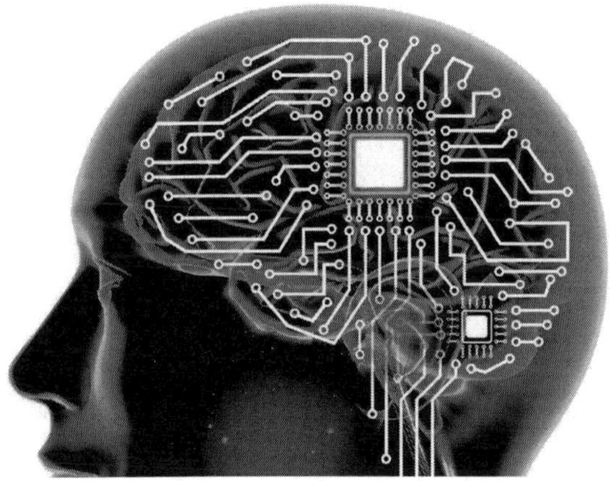

DECRETO DE LIBERACIÓN DE PROGRAMAS Y CABLES

En el nombre del Yo Soy (×3) y por el poder que se me otorga en el Plan Divino de Dios Christavé Namahá, y la Presencia de Cristo entre nosotras, Pedimos con toda la Fuerza, el Deseo y la Humildad al Arcángel Miguel, Arcángel Rafael, Maestro Jesús, Zeus y Saint Germain que nos muestren dónde están en nuestro cuerpo físico y en nuestros Chakras los CABLES ETÉRICOS relacionados con los PROGRAMAS QUE NOS PUSO EL JEFE REPTILIANO IVÁN HITLER para hacer sus programaciones de manipulación y mentira. Que queden liberados con este Decreto y con la Luz de DIOS para poder recibir la Energía Crística Arcoíris y que entre en nosotras. Así mismo pedimos que nos muestren en qué parte están de nuestro cuerpo físico y que se manifiesten y qué emociones programadas son.

Que Así Sea (x3)
Así Será (x3)
Así es Ya (x3)
Gracias (x3)

Canalizado por la Maestra Anandi Christavé Namahá

OM KLIM CHRISTAVÉ NAMAHÁ (x3)

Made in the USA
Columbia, SC
22 December 2024

50321586R00052